Nida-Rümelin
Über menschliche Freiheit

W0362864

Julian Nida-Rümelin

Über menschliche Freiheit

Philipp Reclam jun. Stuttgart

RECLAMS UNIVERSAL-BIBLIOTHEK Nr. 18365
Alle Rechte vorbehalten
© 2005 Philipp Reclam jun. GmbH & Co. KG, Stuttgart
Gesamtherstellung: Reclam, Ditzingen. Printed in Germany 2012
RECLAM, UNIVERSAL-BIBLIOTHEK und
RECLAMS UNIVERSAL-BIBLIOTHEK sind eingetragene Marken
der Philipp Reclam jun. GmbH & Co. KG, Stuttgart
ISBN 978-3-15-018365-6

www.reclam.de

Inhalt

Vorwort

Die fünf Essays dieses Buches befassen sich mit einem der ältesten philosophischen Probleme, der menschlichen Freiheit. Unser subjektives Empfinden frei zu sein, so oder auch anders handeln zu können, wurde schon in der Antike in einem Gegensatz gesehen zur Gesetzmäßigkeit der Natur. Der Mensch als Teil der Natur, so schien es etwa der Stoa, ist ihren Gesetzen, die ohne Ausnahme gültig sind, unterworfen, zugleich ist er Urheber seiner Handlungen und als solcher verantwortlich für sein Tun. Andere Denkschulen bestritten, dass beides zugleich möglich sei. Entweder der Mensch ist den Gesetzen der Natur eben nicht vollständig unterworfen, oder er ist nicht frei in dem, was er tut und also auch nicht verantwortlich.

Manche mögen es als einen Skandal der Philosophie ansehen, dass sie sich über zweitausend Jahre später immer noch mit diesem Problem herumschlägt, in jüngster Zeit sogar wieder besonders intensiv. Man kann das aber auch als den immer wieder erneuerten Versuch ansehen, ein Selbstbild des Menschen zu schaffen, das mit seinem Weltbild vereinbar ist. Die subjektive und die objektive Sicht geraten dabei in ein anhaltendes Spannungsverhältnis, das in immer neuen Versuchen es aufzulösen zur Klärung dessen zwingt, was wir als das spezifisch Menschliche ansehen.

Auch diese Publikation versteht sich als ein Beitrag zu dieser Klärung. Sie unterbreitet sogar unbescheidenerweise einen Lösungsvorschlag, der mit den gängigen philosophischen und naturwissenschaftlichen Auffassungen im Widerstreit liegt. Dieser Lösungsvorschlag verteidigt zentrale Elemente des *common sense* gegen verbreitete naturwissenschaftliche und philosophische Überspanntheiten. Er stellt dabei das naturwissenschaftliche Weltbild nicht, oder jedenfalls nur in Maßen, in Frage, je nachdem, ob man einen epistemologischen oder einen ontologischen Standpunkt einnimmt, und er bestreitet die kühne, aber nicht wirklich belegte Behauptung einiger Neurowissenschaftler, es sei nun empirisch gezeigt, dass es keine Willensfreiheit gebe.

Die fünf Essays dieses Buches haben unterschiedliche thematische Fokussierungen:

Der erste Essay erläutert, *warum die Annahme menschlicher Freiheit begründet ist.* Er wendet sich gegen unterschiedliche Formen philosophischer Kapitulation, gegen solche, die meinen, naturwissenschaftliche Determination menschlichen Verhaltens und menschliche Freiheit seien problemlos vereinbar, und gegen solche, die meinen, der Mensch käme auch ohne die Annahme seiner Freiheit aus. Dabei charakterisieren wir Freiheit als die spezifische Fähigkeit des Menschen Gründe abzuwägen und dieser Abwägung entsprechend zu handeln. Gründe aber, so unsere These, lassen sich nicht naturalisieren, sie können mit den Mitteln der Naturwissenschaft grundsätzlich nicht erschöpfend erfasst werden. Wir bezeichnen die so umrissene Position als *theoretischen Humanismus.*

Im zweiten Essay wird gezeigt, *dass es in einer vollständig durch naturwissenschaftliche Gesetze determinierten Welt keine Entscheidungen gäbe*, dass es begrifflich unmöglich ist, dass beides wahr ist: (1) Menschen entscheiden, und (2) ihr Verhalten ist durch natürliche (z. B. neurophysiologische) Tatsachen und Gesetze allein festgelegt. Der beliebte Ausweg über unvollkommenes Wissen stellt sich dabei als nicht gangbar heraus, ja es gibt eine fundamentale Unterbestimmtheit, die mit der *Selbstreferenzialität* unseres Gehirns zu tun hat. Der Essay schließt mit Überlegungen zum *Verhältnis von Kausalität und Freiheit*, die nahelegen, dass die Naturwissenschaft im rechten, das heißt bescheidenen Verständnis durch das Freiheitspostulat nicht herausgefordert ist, dass das Wirken der Gründe naturwissenschaftlich gesehen unauffällig ist.

Insofern ist unsere Position *im epistemologischen Sinne kompatibilistisch, im ontologischen allerdings non-kompatibilistisch.*

Der dritte Essay wendet sich gegen die in der zeitgenössischen Philosophie verbreitete Auffassung, Verantwortung und Autonomie seien ohne Freiheit möglich: *Es gibt keine Verantwortung ohne alternative Möglichkeiten.* Dabei wird der enge Zusammenhang zwischen Rationalitätstheorie und Freiheitsproblematik deutlich. *Rationalität, Freiheit und Verantwortung sind jeweils konstitutive Elemente des menschlichen Selbstverständnisses und sie sind untereinander in einer unauflöslichen Weise verknüpft.*

Der vierte Essay weist die These zurück, *dass der Zufall moralisch relevant sei.* Wir versuchen im Alltag Menschen nicht für Dinge verantwortlich zu machen, ›für die sie nichts können‹, die sie nicht unter Kontrolle haben. Wenn sich zeigen ließe, dass der Zufall moralisch relevant ist, dass wir auch für dasjenige Verantwortung tragen, welches wir nicht durch eigenes Handeln herbeigeführt oder wenigstens wahrscheinlicher gemacht haben, dann wären die engen Bande zwischen dem Handlungs- und dem Verantwortungsbegriff gelöst und eine tragende Stütze des Freiheitspostulates gebrochen. Tatsächlich beruht diese These, so beliebt sie in der Philosophie ist, auf schwachen Argumenten. Es gibt auch hinsichtlich der Rolle des Zufalls keinen Grund, die enge Verbindung von Freiheit, Rationalität und Verantwortung zu lösen.

Der fünfte und letzte Essay befasst sich mit dem Begriff der *Menschenwürde*, um klarer zu machen, was das spezifisch Menschliche der *menschlichen Freiheit* ist. Im Anschluss an Avishai Margalit wird ein enger Zusammenhang zwischen Menschenwürde und Selbstachtung hergestellt, ohne dass sich deswegen etwa das Gesamt der juridischen und moralischen Beurteilung auf den Begriff der Menschenwürde und das Gebot, nicht zu demütigen, zurückführen ließe. So wird der *Zusammenhang zwischen theoretischem und ethischem Humanismus* deutlich, zwischen der menschlichen Freiheit als naturalistischer Unterbestimmtheit von Gründen und der Moralität der Selbstachtung und der Achtung Anderer.

Der erste Essay wurde als Eröffnungsvortrag auf der Internationalen Konferenz *Philosophie und Wissenschaft* der Gesellschaft für analytische Philosophie im September 2003 in Bielefeld unter dem Titel »Unbegründete Freiheit? / Freedom without Foundations?« gehalten. Der zweite Essay wird noch vor Drucklegung dieses Bandes im *Archiv für Rechts- und Sozialphilosophie* erscheinen. Der dritte Essay ist die Ausarbeitung meines Vortrages »Noch einmal: Willensfreiheit« vor dem Philosophischen Seminar der Universität Konstanz im Juli 2003. Der vierte Essay ist die deutsche Fassung meines Vortrages »There is no Moral Luck«, den ich im März 2005 auf Einladung des California Institute of Technology in Pasadena bei Los Angeles halten werde. Die Übersetzung aus dem Englischen besorgte Elif Özmen. Der fünfte Essay beruht auf Vorträgen für die internationalen Tagungen *Selbstachtung und Anerkennung* des Nietzsche-Kollegs im Oktober 2003 in Weimar und *Menschenwürde* des Deutsch-Amerikanischen Instituts und des Max-Planck-Instituts für Internationales Recht im Dezember 2004 in Heidelberg.

Alle hier versammelten Essays wurden in der Absicht verfasst, sie in einem Band zusammenzufassen, dennoch kann jeder unabhängig von den anderen gelesen werden. Ich habe versucht, inhaltliche Redundanzen so weit zu beschränken, wie es mit der Eigenständigkeit der Essays vereinbar war.

Im *Nachwort* gehe ich auf die *aktuelle Kontroverse zwischen Philosophie und Neurowissenschaft* ein. Während manche Neurowissenschaftler behaupten, ihre empirischen Befunde widerlegten zweifelsfrei, dass es menschliche Freiheit gebe, widersprechen dem die meisten Philosophen. Ich versuche einige der in dieser Kontroverse aufgetretenen Konfusionen zu beheben.

Es gab in den vergangenen zwei Jahren zahlreiche Gelegenheiten, meine Auffassung mit Kollegen, Mitarbeitern und Studierenden zu erörtern, im Anschluss an die genannten Vorträge, aber auch in einem Oberseminar an der Universität Göttingen. Es ist unmöglich, hier alle Gesprächspartner aufzuführen, stellvertretend seien genannt: Wolf Singer, Gerhardt Roth, Jürgen Mittelstraß, Volker Gerhardt, Ralf Stoecker, Gottfried Seebaß, Neill Roughley, Wolfgang Spohn, Günther Patzig, Konrad Cramer, Wolfgang Carl, Felix Mühlhölzer, Bernd Ludwig, Lutz Wingert, Dietmar von der Pfordten, Monika Betzler, Thomas Schmidt und Elif Özmen sowie die Teilnehmer meines Oberseminars über Willensfreiheit im Wintersemester 2003/04. Ihnen und zahlreichen nicht Genannten danke ich für wertvolle Anregungen. Vermutlich werden manche über das Ausmaß meiner Beratungsresistenz enttäuscht sein, aber auch ihnen sei versichert, dass ich aus ihren Einwänden etwas gelernt habe, zumindest, dass ich meine Thesen deutlicher herausarbeiten sollte. Auch diese Publikation ist lediglich als Zwischenstand zu betrachten. Sie befasst sich mit einem Teilaspekt der Theorie des Normativen, die mich weiter beschäftigen wird.

München im August 2004 *Julian Nida-Rümelin*

I

Warum die Annahme menschlicher Freiheit begründet ist

Dieser Essay befasst sich mit der Frage, was uns eigentlich dazu bringt anzunehmen, dass wir in einem erst noch zu klärenden Sinne frei in unserem Urteilen und Handeln sind, und kommt zu dem Ergebnis, dass dies eine Annahme ist, die in unsere lebensweltliche Praxis des menschlichen Umgangs unauflöslich eingewoben ist, dass die Annahme menschlicher Freiheit insofern wohl begründet ist.

Außerhalb des philosophischen oder neurowissenschaftlichen Seminarraums bestreitet dies auch kaum jemand, niemand lebt ohne diese Überzeugung, umso mehr stellt sich die Frage, wie es kommt, dass der Mainstream der modernen Philosophie (und ein großer Teil der Naturwissenschaft) sich dem entgegenstellt.

Der erste Abschnitt wirft daher einen Blick auf die Freiheitsproblematik in der analytischen Philosophie, weil ich den Eindruck habe, dass der Verlauf der Debatte mit den Spezifika, den Stärken, aber auch mit den Schwächen der im weitesten Sinne analytischen Denktradition zu tun hat, ihrer Angst, in die alte philosophische Untugend zu verfallen und in Opposition zur empirischen Naturwissenschaft zu geraten. Entsprechend hat die zweifellos bedeutendste Strömung der Philosophie des 20. Jahrhunderts zunächst versucht, sich der Freiheitsproblematik ganz zu entledigen, was bis in die Gegenwart nachwirkt (§ 1).

Ich knüpfe dann im zweiten Abschnitt an das an, was ich als Strawsonsche Perspektive bezeichne, also die in unsere Lebenswelt eingelassenen reaktiven Einstellungen und moralischen Empfindungen und ihre Prämisse menschlicher Freiheit und Verantwortung (§ 2), um schließlich meine eigene systematische Position in der Freiheitsdebatte als ›theoretischen Humanismus‹ in der These der naturalistischen Unterbestimmtheit unserer Handlungs- und Urteilsgründe zu umreißen (§ 3).

§ 1
Die Freiheitsproblematik in der Analytischen Philosophie

Das Aufkommen der Analytischen Philosophie um die Wende vom 19. zum 20. Jahrhundert war von einer Reihe unterschiedlicher Motive geprägt. Ein Motiv war sicherlich die große Unzufriedenheit mit der dominierenden, noch hegelianisch geprägten Philosophie des Idealismus in England und Deutschland. Insbesondere bei den britischen Gründervätern der Analytischen Philosophie, George Edward Moore und Bertrand Russell, ist der realistische Impuls zunächst von großer Bedeutung. Der Logische Empirismus in der von Rudolf Carnap vertretenen Form hat den Realismus der Gründungsphase dann über Jahrzehnte wieder zurückgedrängt. Erst in den vergangenen zwei Dekaden gewinnen realistische Positionen in der Analytischen Philosophie wieder an Bedeutung. Dieser neue Realismus beschränkt sich nicht auf die Wissenschaftstheorie, sondern hat sich längst auf die Ethik und die praktische Philosophie insgesamt ausgeweitet.

Der wichtigste Impuls scheint mir jedoch nicht der philosophische Hader mit dem Idealismus des 19. Jahrhunderts gewesen zu sein, sondern die Unzufriedenheit darüber, dass sich die Philosophie als Disziplin von der wissenschaftlichen, speziell der naturwissenschaftlichen Entwicklung der Zeit weitgehend abgekoppelt hatte. Die Philosophie verstand sich in der Blütephase des deutschen und britischen Idealismus als eine Fundamental-Disziplin, die von anderen Disziplinen wenig lernen konnte und diesen nichts schuldete. Die Modi philosophischer Begründung galten als eigenständig und selbstgenügsam. Die Ergebnisse philosophischer Begründung legten das Fundament und steckten den Rahmen für andere Wissenschaften, ohne dass diese eine Chance gehabt hätten, auf jene zurückzuwirken. Meine These, die letztlich nur durch philosophiehistorische Untersuchungen zu stützen oder zu widerlegen wäre, lautet: Der zentrale Impuls in der Gründungsphase der Analytischen Philosophie war es, mit den Natur- und Sozialwissenschaften wieder in ein produktives Verhältnis zu treten. Die einzelwissenschaftlichen Ergebnisse sollten in die philosophische Analyse einfließen, und philosophische Argumente und Ergebnisse sollten sich für die einzelwissenschaftliche Forschung als fruchtbar erweisen. Nennen wir diesen Impuls den der *Ankopplung von Philosophie und Wissenschaft.* Die auffällig interdisziplinäre Zusammensetzung des Wiener Kreises stützt diese These.

Dieser Prozess hatte zumindest zwei prominente Vorläufer, nämlich zum einen den der *scientia nova*, die die Philosophie aus ihrem Schattendasein als *ancilla theologiae* befreite und sie zu einem eigenständigen, auf deduktiven und induktiven Methoden beruhenden wissenschaftlichen Projekt der Welterklärung umbaute, und die Kantische Revolution gegen den deduktivistischen Rationalismus der Leibniz-Wolffschen Schule, die die grundlegenden philosophischen Disziplinen Ethik und Erkenntnistheorie mit dem Stand der damals entscheidend von Isaac Newton geprägten Naturwissenschaft, die sich allerdings selbst noch als Teil der theoretischen Philosophie verstand, versöhnen wollte. Die Kritik des traditionellen Aristotelismus und Thomismus durch Philosophen der *scientia nova* wie Descartes, Hobbes und Bacon, die Kritik der rationalistischen Schulmetaphysik durch Immanuel Kant und die Kritik der Analytischen Philosophie an der philosophischen Tradition beruhten auf dem gemeinsamen Impuls, *Philosophie und Wissenschaft wieder in ein produktives Verhältnis zu setzen.* Jede dieser drei Reformbewegungen der Philosophie bediente sich, bei einigen auffälligen Gemeinsamkeiten, unterschiedlicher Methoden. Während die *scientia nova* am Euklidischen Ideal des *mos geometricus* und bei den Atomisten der griechischen Antike anknüpfte, entwickelte Immanuel Kant eine neue, nämlich transzendentale Methode philosophischer Argumentation, und die analytischen Philosophen der ersten Dekaden bedienten sich der wesentlich durch sie erst entwickelten Instrumente logischer und linguistischer Analyse. In einem Teil der Analytischen Philosophie wurde dieses Programm zu naturalistischen Positionen, besonders einflussreich die von William Van Orman Quine, radikalisiert.

Die Meinungen in der Analytischen Philosophie gehen natürlich weit auseinander hinsichtlich der Frage, wie genau das Verhältnis zwischen Philosophie und Wissenschaft beschaffen ist oder beschaffen sein sollte. In diesem Spektrum von Auffassungen spielen besonders die folgenden eine wichtige Rolle:

(1) Die Methode der *rationalen Rekonstruktion.* Demnach sind die Begründungsfiguren, die Argumente, Thesen und Theorien der Einzelwissenschaften zumindest elliptisch, in vielen Fällen auch rational inakzeptabel. Eine sorgfältige, eben rationale Rekonstruktion erlaubt es, die Ellipsen zu beseitigen, Grundbegriffe von definierten Begriffen zu unterscheiden, Axiome von Theoremen. Eine gute wissenschaftliche Theorie wird durch rationale Rekonstruktion nicht besser, aber sie erlaubt es, den Inhalt und den begrifflichen Rahmen sorgfältiger zu erfassen und Begründungslücken zu schließen. Schlechte wissenschaftliche Theorien kollabieren dagegen bei rationaler Rekonstruktion; die Gründe, warum die Theorie unzurei-

chend, schlecht begründet oder sogar als intern widerlegt gelten muss, werden offensichtlich.

(2) Die Methode der *Sprachanalyse*. Analytische Philosophen, die sich ihrer bedienen, vertrauen auf die in der Lebenswelt verankerte Verlässlichkeit alltäglicher Sprach- und Kommunikationspraxis. Das kritische Potential dieser Methode richtet sich nicht gegen die lebensweltliche Sprach- und Handlungspraxis, sondern gegen den Missbrauch in der Alltagspraxis verankerter und damit wohlbestimmter sprachlicher Ausdrücke in den Geistes- und den Sozialwissenschaften. Während die Methode der rationalen Rekonstruktion einen engeren Bezug zu den Naturwissenschaften als zu den Geisteswissenschaften aufweist, ist dies bei der Methode der Sprachanalyse umgekehrt. Gelegentlich werden diese beiden Ansätze der Analytischen Philosophie, die sich schon längst nicht mehr in Gegnerschaft gegenüberstehen, sondern vielfältige Verbindungen eingegangen sind, als *ideal language philosophy* bzw. *ordinary language philosophy* bezeichnet.

(3) Die Methode der *naturalistischen Integration*. Die engste Verbindung zwischen Philosophie und Wissenschaft wird innerhalb der Analytischen Philosophie von den Naturalisten postuliert. Strenge Wissenschaft ist demnach Naturwissenschaft, es gibt keine Demarkationslinie zwischen dem Geistigen und dem Materiellen, dem Mentalen und dem Physischen, die eine Einteilung der Wissenschaften in Geistes- und Naturwissenschaften rechtfertigen könnte; vielmehr gibt es eine einheitliche erklärende Wissenschaft, die lediglich aus pragmatischen Gründen in Disziplinen und Klassen von Disziplinen zerfällt. Sinnvolle philosophische Fragen lassen sich im Prinzip – d. h. nicht notwendigerweise unter den gegebenen epistemischen Bedingungen – mit naturwissenschaftlichen Methoden be-

antworten. Den analytischen Naturalismus kann man als eine modernisierte Form des philosophischen Materialismus interpretieren.[1]

Die mit der *Methode der rationalen Rekonstruktion* verbundene Strömung der Analytischen Philosophie hat in der Regel ein *pluralistisches Wissenschaftsverständnis*: Sie akzeptiert unterschiedliche Argumentationsformen, entwickelt allerdings gemeinsame Standards ihrer rationalen Rekonstruktion: Logik, Wahrscheinlichkeitstheorie und Entscheidungstheorie spielen dabei eine grundlegende Rolle. Die Einheit wissenschaftlicher und gegebenenfalls auch außerwissenschaftlicher Argumente schlägt sich lediglich in abstrakten Charakteristika von Begründungsrelationen bzw. der rationalen Dynamik von Überzeugungsänderungen nieder. Dies ist mit einer Pluralität einzelwissenschaftlicher Methoden und Theorietypen vereinbar. Die *Methode der Sprachanalyse* tendiert dagegen zu einer *dualistischen* Wissenschaftsauffassung. Sie postuliert zwei Sprachstufen, von denen die eine sich auf die natürliche Welt und die andere auf die Welt der Intentionen und Sprechhandlungen bezieht. Die Methode der *naturalistischen Integration* beruht dagegen auf einem *monistischen* Wissenschaftsverständnis und setzt damit einen ursprünglichen Impuls der noch jungen Analytischen Philosophie als einheitswissenschaftliche Bewegung fort. Eine spezifische Konstitution der Geisteswissenschaften etwa über ein Verständnis des Mentalen als etwas auf natürliche Entitäten nicht Reduziblen bleibt ebenso ausgeschlossen wie die Konstitution des sozialwissenschaftlichen Gegenstandsbereiches über einen irreduziblen Handlungsbegriff. Philosophische Thesen gelten nur insoweit als vertretbar, als sie sich in ein naturwissenschaftliches Weltbild integrieren lassen.

1 Vgl. Paul Moser / David Yandell, »Against Naturalizing Rationality«, in: *The Contextualization of Rationality*, hrsg. von G. Preyer und G. Peter, Paderborn 2000.

Dieser wichtige Ansatz aus den Gründerjahren der Analytischen Philosophie, ein neues Verhältnis zu den Einzelwissenschaften herzustellen sowie die *splendid isolation* der idealistischen Philosophie des 19. Jahrhunderts zu beenden, ließ in den ersten Dekaden das Projekt einer genuin praktischen Philosophie, also einer Philosophie, die sich mit Kriterien richtigen Handelns auseinandersetzt, zunehmend als suspekt erscheinen. Hier gab es keinen Anknüpfungspunkt – jedenfalls wenn man George Edward Moores Theorie des naturalistischen Fehlschlusses akzeptierte – zu den empirischen Einzelwissenschaften, und die mit der Disziplin Ethik verbundenen metaphysischen und ontologischen Fragen schienen in ein wissenschaftliches Weltbild nicht integrierbar zu sein. Der Impuls, mit der Wissenschaft ein Verhältnis möglichst weitgehender Kontinuität und Kompatibilität herzustellen, zeigte besonders auffällige Wirkungen in der Auseinandersetzung der Analytischen Philosophie mit der *Freiheitsproblematik*. In der Tat liegt das Thema menschlicher Freiheit an der Nahtstelle von Wissenschaftstheorie, Sprachphilosophie, Philosophie des Geistes und Ethik einerseits sowie Psychologie, Neurophysiologie und Physik andererseits. Bei kaum einem anderen philosophischen Problem lassen sich wissenschaftliche und philosophische Fragen so wenig trennen. Umso mehr galten und gelten die Bemühungen der analytischen Philosophen dem Ziel, dieses altehrwürdige Problem der Philosophie seit der Antike als eine mögliche Bruchstelle im Verhältnis zu den empirischen Wissenschaften zu beseitigen.

Aus der vermeintlichen Gewissheit heraus, dass es sich hier nicht wirklich um ein ernsthaftes philosophisches Problem handeln könne, geriet die Behandlung der Freiheitsproblematik zunächst einigermaßen grobschlächtig. Dass so bedeutende philosophische Köpfe derart schlicht mit einer Problemstellung umgingen, die nach allem, was wir wissen, schon in der Stoa auf weit höherem Niveau diskutiert worden ist, scheint mir nicht daran zu liegen, dass gerade hier der gewohnte Scharfsinn versagte, sondern dass es durch das oben besprochene *Kontinuitätsmotiv* eine Art ideologischer Vorfestlegung gab, die die Existenz ernsthafter Gegenargumente von vornherein ausschloss.

Vergegenwärtigen wir uns zunächst die Argumentation George Edward Moores.[2] Moore hatte als Konsequentialist die Richtigkeit einer Handlung vom Vergleich ihrer Folgen mit den Folgen all der übrigen Handlungen, die der Handelnde an ihrer Stelle hätte tun können, abhängig gemacht. Die ethische Theorie Moores setzt also voraus, »dass dort, wo eine freiwillige Handlung richtig oder falsch ist (und wir haben durchweg nur von freiwilligen Handlungen gesprochen), der Handelnde in einem bestimmen Sinn an ihrer Stelle etwas anderes hätte tun können«.[3]

Die entscheidende These Moores, die als *conditional analysis* bis heute für viele attraktiv geblieben ist, lautet, dass man in der Ethik nicht behaupten muss, »daß richtig und falsch davon abhängen, was der Handelnde uneingeschränkt tun kann, sondern nur davon, was er tun kann, wenn er sich entsprechend entscheidet. Und darin liegt ein sehr großer Unterschied. Denn indem sich unsere Theorie auf diese Weise beschränkt, vermeidet sie eine Kontroverse, welcher diejenigen, die behaupten, daß richtig und falsch davon abhängen, was der Handelnde uneingeschränkt tun kann, nicht aus dem Wege gehen können.«[4] Und weiter: »Wer behauptet, kein Mensch hätte jemals etwas anderes tun können als das, was er getan hat, muß, sofern er zugleich behauptet, daß richtig und falsch davon abhängen, was wir tun können, logischerweise behaupten, daß keine unserer Handlungen jemals richtig und keine je-

2 Vgl. das Kapitel »Free Will« in Moores *Ethics*, London 1912.

3 Moore, »Freier Wille«, in: *Seminar: Freies Handeln und Determinismus*, hrsg. und eingeleitet von U. Pothast, Frankfurt a. M. 1978, S. 142.

4 Ebd., S. 143.

mals falsch ist«.[5] Moore setzt dem die These entgegen: »Unter der Voraussetzung, daß jemand etwas anderes getan haben könnte, wenn er sich entsprechend entschieden hätte, sind wir hinreichend berechtigt zu sagen, daß eine Handlung richtig oder falsch ist«.[6] Und Moore lässt keinerlei Zweifel daran, dass er diese Bestimmung von Freiheit mit umfassender Determination unseres Handelns z. B. durch naturwissenschaftliche Gesetzmäßigkeiten für vereinbar hält. Moore ist überzeugt, dass das Wort *Können* nicht nur eine Bedeutung hat und dass diese Mehrdeutigkeit die Kompatibilität von Willensfreiheit und Determinismus begründet.

(1) Wenn wir einen freien Willen haben, muss es in einem bestimmten Sinn zutreffen, dass wir manchmal hätten tun können, was wir nicht getan haben.
(2) Wenn alles verursacht ist, muss es in einem bestimmten Sinn zutreffen, dass wir niemals etwas hätten tun können, das wir nicht getan haben.[7]

Wenn in diesen beiden Sätzen *Können* in gleicher Bedeutung verwendet wird, dann kann es nicht sein, dass wir sowohl einen freien Willen haben wie dass alles verursacht ist. In der Tat ist *Können* mehrdeutig und die Analytische Philosophie hat bis heute wesentlich dazu beigetragen, diese Mehrdeutigkeit – etwa hinsichtlich logischer, naturwissenschaftlicher und probabilistischer Möglichkeit – aufzuschlüsseln. Die Problematik der Mooreschen Lösung liegt nicht in der Annahme der Mehrdeutigkeit von *Können*, sondern in der spezifischen Interpretation von *Können* als Voraussetzung moralischer Verantwortlichkeit, die Moore entwickelt. Er interpretiert *Ich konnte* als Kurzfassung für die Aussage »Ich *würde*, wenn ich mich entschie-

5 Ebd., S. 143 f.
6 Ebd., S. 144.
7 Ebd., S. 150.

den hätte«.[8] Bei dieser Interpretation widerspricht die Aussage, dass ich etwas hätte tun können, das ich nicht getan habe, in der Tat nicht dem Prinzip der vollkommenen kausalen Determination des Weltverlaufs.

Aus der Annahme, dass wir, wenn wir sagen, wir hätten etwas tun können, das wir nicht getan haben, meinen, wir *würden es getan haben, wenn wir uns dazu entschieden hätten*, folgt, dass wir in vielen Fällen auch dann etwas anderes hätten tun können, als wir getan haben, wenn eine vollständige Beschreibung des Weltzustandes in dem Augenblick, in dem Caesar sich entschloss, mit seinen Truppen den Rubikon zu überschreiten, unter der Voraussetzung geltender Naturgesetze jeweils deduktiv abzuleiten gestattete, welche Handlung ich zu jedem beliebigen Zeitpunkt meines Lebens vollziehe.

Der Einwand gegen die Konditionalanalyse George Edward Moores liegt auf der Hand: Eine Person, für die es z. B. aus naturwissenschaftlichen, speziell neurophysiologischen Gründen unmöglich ist, diejenige Entscheidung zu treffen, die sie hätte anders handeln lassen, war eben nicht frei darin, diese Handlung zu unterlassen. Dieser Einwand ist alt und lässt sich zusammen mit seinen Entkräftungsversuchen bis auf die Stoa zurückverfolgen.[9] Können wir uns mit dieser Interpretation von Freiheit als Voraussetzung moralischer Verantwortlichkeit zufrieden geben, wenn wir zwar oft anders gehandelt haben würden,

8 Ebd., S. 150.

9 Vgl. das in Gellius' *Noctes Atticae* (7.2.8.) wiedergegebene Argument von Chrysipp, der zwar die These der allgemeinen Determination aufrechterhält, aber die Verantwortlichkeit für Handlungen damit für kompatibel hält. »Quanquam ita sit, inquit, ut ratione quadam necessaria et principalia coacta atque conexa sint fato omnia, ingenia tamen ipsa mentium nostrarum proinde sunt fato obnoxia, ut proprietas eorum est ipsa et qualitas«. »Ingenia« ist vermutlich die lateinische Übersetzung der griechischen *diatheseis*, also der charakteristischen Einstellungen des Geistes, die in bestimmten Handlungen resultieren. Es ist die Zuschreibbarkeit dieser spezifischen *diatheseis*, die moralische Verantwortlichkeit mit universeller Determination nach Auffassung Chrysipps vereinbar macht.

wenn wir uns anders entschieden hätten, aber uns eben nicht anders hätten entscheiden können? Gibt es moralische Verantwortlichkeit, wenn wir uns niemals für etwas hätten entscheiden können, für das wir uns nicht entschieden haben? Um diesem Einwand zu begegnen, führt Moore, man könnte sagen in Vorwegnahme einer Idee Harry Frankfurts, Entscheidungen zweiter Ordnung ein, das, was Frankfurt mit dem Kunstwort *volition* bezeichnet: Entsprechend der Interpretation von *Wir hätten etwas tun können* als *Wir würden es getan haben, wenn wir uns dazu entschieden hätten*, wird *Wir hätten uns dazu entscheiden können* mit *Wir würden uns so entschieden haben, wenn wir uns entschieden hätten, diese Entscheidung zu treffen* übersetzt.[10] Da sich der gleiche Einwand aber auch hinsichtlich der Entscheidungen zweiter Ordnung stellen lässt, kann man hier nur von einer Verschiebung und nicht von einer Lösung der Problematik sprechen.

Da Moore seine Argumentation als Analyse der Bedeutung von *Können* präsentiert, hatte John Langshaw Austin in dem wunderbar konzisen und ironischen Aufsatz »Ifs and Cans«[11] über vierzig Jahre später ein leichtes Spiel. Als sprachanalytisches Argument kann Moores *conditional analysis*, das die Kompatibilität von Determinismus und Freiheit, von moralischer Verantwortlichkeit und uneingeschränktem Kausalitätsprinzip belegen sollte, seitdem als gescheitert gelten. Das *Können*, das wir in moralischen Kontexten voraussetzen, lässt sich nicht in *Würden, wenn wir wollten* oder Ähnliches übersetzen, dieses Können meint etwas Unbedingtes, Austin spricht hier von einem »categorical statement«, das uns gleich noch beschäftigen wird.

Der Analytischen Philosophie wird von ihren Gegnern oft Kurzatmigkeit und ein schlechtes Gedächtnis vorge-

10 Moore, a.a.O., S. 154.
11 In: *Proceedings of the British Academy* 42 (1956).

worfen: Die von der jeweils aktuellen Debatte wahrgenommenen Beiträge seien auf einen Zeitraum von wenigen Jahren beschränkt. Tatsächlich gab es über lange Zeit in der Analytischen Philosophie eine modernistische – oder sollte man besser sagen: optimistische – Grundstimmung, die sich vor allem darin äußerte, dass ein großer Teil analytischer Philosophinnen und Philosophen Probleme traktierte, ohne die Beiträge früherer Epochen einzubeziehen, ja in den meisten Fällen wohl sogar, ohne diese überhaupt zu kennen. Oft war dies kein großer Verlust, manchmal führte es zu unnötigen Wiederholungen altbekannter Argumente, als originelle präsentiert, im Falle der Willensfreiheitsthematik jedoch hatte dies zweifellos in den ersten Dekaden der Analytischen Philosophie einen beträchtlichen Qualitätsverlust zur Folge. Umso bemerkenswerter ist im Rückblick, welchen langen Atem die Analytische Philosophie bei der Diskussion um Willensfreiheit und andere ethische Grundprobleme dann entwickelte. Die Antwort auf George Edward Moores Konditionalanalyse von 1912 schreibt wie gesagt John Langshaw Austin 1956 und die auf Moritz Schlicks »Scheinproblem der Willensfreiheit« von 1930[12] ist eigentlich erst Peter Strawsons Aufsatz »Freedom and Resentment« von 1962.[13]

Moritz Schlick hatte, lange Zeit stilbildend für die Analytische Philosophie, sich in folgender Weise über das Problem der Willensfreiheit ausgelassen: »Mit Widerstreben und Zögern mache ich mich daran, dieses Kapitel in die Besprechung ethischer Fragen einzufügen. Denn ich muß in ihm von einer Angelegenheit sprechen, die zwar auch gegenwärtig noch oft als eine Grundfrage der Ethik angesehen wird, die aber nur durch ein Missverständnis zu einem viel erörterten Problem wurde und nur durch ein Missverständnis in die Ethik hineingeraten ist: das sogenannte Problem der Willensfreiheit. Dabei ist diese

12 Vgl. das Kapitel 7 von Schlicks *Fragen der Ethik*, Wien 1930.
13 In: *Proceedings of the British Academy* 48 (1962).

Scheinfrage durch die Bemühungen einiger gescheiter Köpfe längst erledigt worden«. Schlick denkt dabei nicht an Moore, sondern an David Hume und setzt nach: »es ist wirklich eines der größten Skandale der Philosophie, daß immer noch soviel Papier und Druckerschwärze an diese Sache verschwendet werden«, man könnte hinzufügen: und das nicht nur zu den damaligen Zeiten, sondern besonders wieder an der Wende vom 20. zum 21. Jahrhundert, und zwar gerade in der Neurophysiologie und Analytischen Philosophie.

Dabei wäre die Beseitigung dieses philosophischen Skandals nach Schlick ganz einfach. Man müsste nur zwei Einsichten folgen: erstens, dass es der Ethik nicht um Vorschriften, sondern lediglich um Erklärungen menschlichen Verhaltens gehen kann und dass damit die Ethik als nomologische Wissenschaft das Kausalprinzip voraussetze, und zum anderen, dass es ihr im Kern um ethische Verantwortlichkeit gehe und diese sich gerade darin erweise, dass das Verhalten von Sanktionen beeinflusst werden könne, so dass kausale Determination nicht nur keine Bedrohung menschlicher Verantwortlichkeit, sondern sogar deren Voraussetzung darstelle.

Die Antwort Strawsons besteht aus zwei Teilen:

(1) Unsere moralischen Empfindungen und Einstellungen sind Ausdruck komplexer Beziehungen zwischen Menschen. Strawson interessieren dabei weniger moralische Praktiken, wie Bestrafung, moralische Verurteilung (*moral condemnation*) oder Zustimmung (*moral approval*), was bei Schlick im Mittelpunkt steht, sondern das, was er als *non-detached attitudes and reactions of offended parties and beneficiaries*[14] bezeichnet; detaillierter geht er auf Bedauern (*resentment*), Dankbarkeit (*gratitude*) und Vergebung (*forgiveness*)

14 Etwa: Haltungen und Reaktionen von Betroffenen als Gekränkte wie als Nutznießer.

ein. Strawsons These lautet, dass diese moralischen Gefühle und Einstellungen keinen Bestand haben würden, wenn sie von uns als bloßes Mittel zur Verhaltenssteuerung eingesetzt würden.

(2) Es ist praktisch ausgeschlossen, dass eine theoretische Überzeugung, etwa die, dass jedes Ereignis in der Welt kausal determiniert sei, unsere moralischen Gefühle so tiefgreifend beeinflusst, dass die interpersonalen Beziehungen, die diese zum Ausdruck bringen und wie sie uns lebensweltlich vertraut sind, nicht mehr fortbestehen. Strawson spricht hier von der *objektiven Einstellung gegenüber interpersonalen Beziehungen*, zu der Menschen nicht fähig wären, weil die Isolation, die daraus resultierte, etwas ist, was menschliche Fähigkeiten übersteigt.

§ 2
Freiheit und Lebenswelt

Ganz unabhängig davon, wie diese und andere moralische Empfindungen und Einstellungen gegenüber anderen Personen adäquat zu beschreiben sind – Jay Wallace hat in meinen Augen das Strawsonsche Projekt in besonders überzeugender Form weitergeführt[15] –, es stellt sich die Frage nach dem Status dieses Argumentes für die Annahme menschlicher Freiheit. Es ist offensichtlich als ein transzendentales Argument gedacht (Strawsons Auseinandersetzung mit Immanuel Kant untermauert diese Einordnung[16]). Unsere interpersonalen Beziehungen, die in alltäglichen Interaktionen und spezifischer in unseren moralischen Empfindungen und Einstellungen zum Ausdruck kommen, setzen voraus, dass Menschen für ihr Handeln verantwortlich sind, dass sie keine bloßen Objekte kausa-

15 R. Jay Wallace, *Responsibility and the Moral Sentiments*, Cambridge 1994.
16 Vgl. Strawsons *The Bounds of Sense*, Oxford 1966.

ler Beeinflussung allein – weder solche der Physik, der Biologie oder Neurophysiologie noch solche der Psychologie – sind. Wir als normale menschliche Wesen, eingebettet in soziale Zusammenhänge, können gar nicht anders, als Verantwortlichkeit und Freiheit in dem Umfang vorauszusetzen, wie es für die von uns allen geteilten moralischen Empfindungen und Einstellungen (Strawson spricht hier von *reactive attitudes*) erforderlich ist. Unsere lebensweltlichen interpersonalen Beziehungen lassen keinen Spielraum für theoretische Überzeugungen, die diese Einstellungen als unbegründet erscheinen lassen würden.

Transzendentale Argumente haben grundsätzlich zwei Lesarten: eine relativistische und eine absolutistische. Die relativistische besagt lediglich: bestimmte Annahmen, nennen wir sie *transzendentale Bedingungen,*[17] sind für ein bestimmtes System von Überzeugungen, Einstellungen oder Gefühlen unverzichtbar, oder genauer: werden von diesen impliziter vorausgesetzt. Damit wären diese transzendentalen Bedingungen nur begründet, sofern das betreffende System von Überzeugungen, Einstellungen und Empfindungen begründet ist. Strawson bezieht sich ausdrücklich auf die Konstituenzien unserer moralischen Lebenswelt und warnt seine Zuhörer bzw. Leser, sie dürften bei diesem Gegenstand keine übermäßige Exaktheit erwarten. Nehmen wir einmal an, die Beschreibungen unserer *reactive attitudes*, die Strawson gibt, sind im Großen und Ganzen korrekt. Wir entwickeln moralische Einstellungen und Empfindungen immer unter der Voraussetzung, dass wir selbst Urheber unserer Handlungen sind, also frei und verantwortlich handeln. Die Perspektive verändert sich, wenn wir mit menschlichen Grenzfällen konfrontiert sind, z. B. Kleinkindern oder Geisteskranken. Es wird dann albern, eine Äußerung, die normalerweise als

17 Unter einer *transzendentalen Bedingung von X* wird in der Regel *die Bedingung der Möglichkeit von X* verstanden. X ist eine transzendentale Bedingung von Y genau dann, wenn gilt: $\neg X \rightarrow \neg \Diamond Y$.

beleidigend empfunden wird, übel zu nehmen. Das Kleinkind oder der Geisteskranke kann eben nicht oder nur eingeschränkt verantwortlich gemacht werden, und wir reagieren darauf u. a., indem wir nicht mehr an gute Gründe, etwas zu tun oder zu unterlassen, appellieren, sondern unsererseits ein Verhalten an den Tag legen, von dem wir hoffen, dass es einen entsprechenden kausalen Einfluss (z. B. einen der Abschreckung oder des Anreizes) ausübt. Wir verhalten uns dann so, wie es Schlick generell für rational gehalten hat. Strawson hat zweifellos Recht, dass die Einstellung, auf der dieses Verhalten beruht, gegenüber voll zurechnungsfähigen Personen unangemessen wäre, ja dass sie das Fundament unserer lebensweltlichen Interaktionen zerstören würde.

Die betreffenden reaktiven Einstellungen, bzw. umfassender, die unsere Lebenswelt prägenden moralischen Einstellungen und Empfindungen, würden uns als inadäquat erscheinen, wenn menschliches Verhalten, Handeln, Empfinden und Urteilen unfrei, sei es determiniert durch Kausalgesetze oder kontingent durch Zufallsoperatoren, sein würde. Inadäquat ist zweifellos nicht das Gleiche wie *psychologisch unmöglich*. Eine moralische Einstellung kann inadäquat sein unter der Voraussetzung, dass die betreffende Person eine bestimmte (deskriptive) Überzeugung hat, und doch mag es Personen geben, die sowohl diese Überzeugung wie diese Einstellung haben. Solche Personen gelten uns dann im Hinblick auf diese Kombination von moralischer Einstellung und deskriptiver Überzeugung als irrational.

Strawsons Terminologie ist dabei geeignet, Verwirrung zu stiften. Normale reaktive Einstellungen und Gefühle bringen nach Strawson interpersonale Beziehungen zum Ausdruck, während eine objektive Einstellung (*objective attitude*) gegenüber einem anderen menschlichen Wesen dadurch charakterisiert ist, dass dieses Wesen als Objekt einer sozialen Taktik oder einer Manipulation angesehen wird. Der Psychotherapeut hat eine objektive Einstellung gegenüber seinem Patienten, die Trainerin gegenüber ihrer Sportlerin. Diese objektiven Haltungen sind vereinbar mit Gefühlen wie Mitleid oder Ekel, aber sie sind nicht vereinbar mit bestimmten reaktiven Einstellungen und Empfindungen, die durch spezifische interpersonale menschliche Beziehungen bestimmt sind.

Mir scheint dagegen der entscheidende Unterschied nicht angemessen durch den Gegensatz zwischen einer objektiven und einer subjektiven Einstellung erfasst zu sein, jedenfalls produziert diese Terminologie leicht Missverständnisse. Die objektive Haltung, meint Strawson, schließe bestimmte reaktive Einstellungen und Gefühle aus, die zu engen interpersonalen menschlichen Beziehungen gehören. Das ist es aber gerade nicht. Eltern stehen zu ihrem behinderten Kind in einer engen interpersonalen Beziehung, sie empfinden Liebe, Empathie, sie freuen sich mit diesem Kind und leiden mit diesem Kind. Es mag aber sein, dass die Art der Behinderung bestimmte reaktive Einstellungen und Gefühle unangemessen macht. Wenn das Kind, etwa ein autistisches, nicht beurteilen kann, wann es eine Person kränkt, dann ist es unangemessen, das übel zu nehmen (ein Gefühl des *resentment* zu entwickeln). Wenn einem Kind die Intelligenz mangelt, die erforderlich ist, um für moralische Argumente zugänglich zu sein, dann macht das moralische Missbilligungen unangemessen. Mit einer subjektiven bzw. objektiven Haltung hat dies nichts zu tun. Der wesentliche Unterschied ist mit einem anderen Begriff verbunden, der für unsere folgenden Überlegungen die zentrale Rolle spielen wird, nämlich dem der *Gründe*, der *Handlungsgründe*. Die entscheidende Frage ist, ob das Verhalten der Person einsehbar für andere von Gründen gesteuert ist oder nicht. Ob die Person zur Abwägung von Gründen fähig ist, ob sie Einwänden, d. h. Gegengründen gegenüber zugänglich ist, kurz: ob man ein hinreichendes Maß an Rationalität voraussetzzen kann. Mit *Rationalität* ist nichts anderes gemeint als genau dies: *Das Handeln ist von Gründen geleitet.* Die Person kann in kohärenter Weise Auskunft geben, wenn befragt, aus welchen Gründen sie sich so und nicht anders verhalten hat.

Sofern wir einer Person zubilligen (oder unterstellen), ihr Handeln sei durch Gründe geleitet, können Billigung und Missbilligung und auch Gefühle der Kränkung oder des Ressentiments angemessen sein. Diese und andere moralische Einstellungen und Gefühle setzen allerdings voraus, dass Gründe gerade nicht etwas lediglich Subjektives sind. Ich kann einer Person nur Vorhaltungen machen, wenn es möglich ist, unterschiedlicher Meinung darüber zu sein, was ein angemessener Grund ist, wenn Gründe nicht beliebig sind, wenn es Kriterien gibt, die gute von schlechten Gründen unterscheiden. Unsere lebensweltliche Moral verlangt nach *fairen* Billigungen oder Missbilligungen, sie verlangt danach, dass man nicht einfach die eigenen subjektiven Interessen zum Standard der Beurteilung macht, sie verlangt ein gewisses Maß an *Objektivität.* Wir streiten über die Angemessenheit von Gründen, wir sind sicher, dass bestimmte Gründe unangemessen und andere angemessen sind, was aber nichts anderes heißt, als dass wir Gründe nicht in das subjektive Belieben des Einzelnen stellen. Strawson spricht von der Spannung zwischen der teilnehmenden Haltung und der objektiven Haltung, ja er merkt an, dies könne man vielleicht sogar als Spannung zwischen unserer Menschlichkeit und unserer Intelligenz betrachten. Ich denke, da sind eine andere Akzentuierung und eine andere Begrifflichkeit erforderlich, um die wichtigen Einsichten Strawsons, fassen wir sie als *Strawsonsche Perspektive* zusammen, richtig zu erfassen.

Um diese Neu-Akzentuierung, die ich für notwendig halte, unabhängig davon, wie man im Detail die einschlägigen moralischen Einstellungen charakterisiert, anschaulicher zu machen, betrachten wir ein Beispiel, mit dem viele von uns vertraut sind. Eine ältere Person verliert zunehmend ihre Erinnerungsfähigkeit. Ganz zu Beginn dieses Prozesses gibt es deswegen immer einmal wieder Streit. Der vergesslich gewordene Ältere ist fest davon überzeugt, dass ihn seine Erinnerung nicht trügt. Er trägt seine Überzeugung in der Erwartung vor, dass ihm niemand widerspricht. Die Jüngeren widersprechen, machen Argumente geltend, die zeigen sollen, dass diese Erinnerung falsch sein muss, usw. Einige Jahre später – der Verfall des Gedächtnisses ist weiter vorangeschritten – gibt es keinen Streit mehr. Entsprechende Behauptungen werden übergangen, man versucht behutsam, solchen Auseinandersetzungen aus dem Weg zu gehen und möglichst viel des lebensweltlich Vertrauten aufrechtzuerhalten. Dies ist als Übergang von einer subjektiven zu einer objektiven Haltung schon schlecht beschrieben, noch schlechter als Übergang von Menschlichkeit zu Intelligenz. Voll zurechnungsfähigen Menschen gegenüber ist ein anderes, ein rigideres, unnachgiebigeres, fordernderes Auftreten durchaus gerechtfertigt, während dies für nicht mehr voll zurechnungsfähige Menschen nicht mehr gerechtfertigt wäre. Das Strafrecht bringt das überdeutlich zum Ausdruck. Wer voll zurechnungsfähig gehandelt hat, muss auch dafür zur Rechenschaft gezogen werden können. Wessen Handeln durch die Abwägung von Gründen gesteuert ist, der muss für dieses Handeln auch geradestehen. Menschlichkeit im Sinne von Rücksichtnahme und Verzeihen, von Behutsamkeit und Hilfestellung ist gerade gegenüber denjenigen erforderlich, die ihr eigenes Leben nicht mehr vollständig unter Kontrolle haben. Wenn schon, dann schiene also hier die umgekehrte Charakterisierung, nämlich als Übergang von Intelligenz zu Menschlichkeit, angemessener.

Und umgekehrt: Dort, wo wir Gründe gegeneinander abwägen, dort, wo wir prüfen, ob ein bestimmtes Verhalten moralisch akzeptabel ist oder nicht, dort geht es um geteilte Standards, um rationale Argumente. Wir müssen uns in die subjektive Lage einer Person nicht hineinversetzen, um zu wissen, dass ein Mord oder eine Beleidigung moralisch inakzeptabel ist. Die traurigen Lebensgeschichten, die in Strafprozessen zur Entschuldigung des Angeklagten angeführt werden, sind nur dann relevant, wenn dieser Angeklagte aufgrund der damit einhergehenden psychischen Störungen nicht mehr voll zurechnungsfähig ist, wenn er nicht mehr imstande war, Gründe gegeneinander abzuwägen und sein Handeln daran auszurichten. Ob eine Verurteilung gerechtfertigt ist, richtet sich nach bestimmten, im Verlauf des Prozesses nachzuprüfenden Merkmalen der Handlung. Die Rechtsgemeinschaft hat sich auf diese Merkmale als die ausschlaggebenden verständigt. Sie haben einen objektiven oder zumindest intersubjektiven Charakter, und wir sind davon überzeugt, dass sie im Ganzen normativ angemessen sind. Die rechtliche Strafe ist eine Form des institutionell geregelten gesellschaftlichen Missbilligens, das Strawsons *resentment* entspricht. Vorzeitige Entlassung bei guter Führung ist ein anderes wohletabliertes Rechtsinstitut, das ebenfalls festgelegten und in einen Begründungskontext eingebetteten Kriterien unterliegt (im Gegensatz zur Begnadigung). Das, was im Rechtssystem als Strafe und vorzeitige Entlassung etabliert ist, kann als Konkretisierung zweier grundlegender moralischer reaktiver Einstellungen gelten. Strafe ist Ausdruck einer bestimmten Form gesellschaftlichen Übelnehmens, und vorzeitige Entlassung ist eine Form gesellschaftlicher Vergebung (*forgiveness* im Sinne Strawsons). Und so, wie Strafe und vorzeitige Entlassung bestimmten Kriterien genügen bzw. genügen sollen, so steht auch das alltägliche moralisch motivierte Übelnehmen oder Verzeihen unter weitgehend geteilten und diskutierbaren Adäquatheitskriterien. Ich sollte Gründe dafür haben, wenn ich jemandem etwas übelnehme. So muss die Person sich begründbar falsch verhalten haben, damit ich gerechtfertigt bin, ihr etwas übelzunehmen. Auch das Verzeihen kennt Grenzen der Willkür. Nicht alles kann aus einer Laune heraus verziehen werden, wir erwarten auch dafür in der Regel gute Gründe, wobei zuzugestehen ist, dass das alltägliche Verzeihen zwischen der Willkür eines Begnadigungsaktes und der Regelgeleitetheit einer vorzeitigen Entlassung wegen guter Führung changiert.

Der Gegensatz, den Strawson im Auge hat, lässt sich nicht charakterisieren durch *subjektiv* versus *objektiv* oder *menschlich* versus *intelligent*, sondern durch den Gegensatz zwischen Verhaltenskontrolle durch Gründe und Verhaltenskontrolle durch anderes als Gründe. In unseren alltäglichen Interaktionen setzen wir gerade insoweit Freiheit und Verantwortung, wie sie die Strawsonsche Perspektive postuliert, voraus, als wir das eigene und das Verhalten Anderer als von Gründen bestimmt interpretieren. Ich schlage vor, das Strawsonsche Postulat – wir könnten uns selbst und Andere gar nicht anders ansehen als frei und verantwortlich – genauer zu bestimmen als: *Wir können uns selbst und Andere gar nicht anders ansehen denn als Wesen, die ihr Handeln an Gründen ausrichten*, die Gründe für ihr Handeln haben, die sie auf Nachfrage auch offenbaren können. Diese Perspektive umfasst nicht alle menschlichen Wesen, sondern nur solche mit bestimmten kognitiven und moralischen Fähigkeiten. Aber man mag es dennoch als das spezifisch Humane bezeichnen, dass Menschen – nicht alle, aber diejenigen, die ihre menschlichen Anlagen zu voller Entfaltung gebracht haben – diese Fähigkeit haben. Diese Fähigkeit bei uns selbst und Anderen, mit denen wir interagieren, vorauszusetzen, ist in das ganze Spektrum unserer reaktiven moralischen Einstellungen und Empfindungen eingebettet. Wir können es nicht herauslösen, ohne dass dieses System insgesamt zum Einsturz gebracht wird. Diese fundamentale, wer will, mag sagen: transzendentale Rolle der Rationalitätsprämisse lässt naturalistische Umdeutungen so merkwürdig präpotent erscheinen, als Ausdruck einer unbedachten Attitüde, die nicht wahrhaben will, dass es hier nicht um ein Korollar wissenschaftlicher Weltanschauung, sondern um die Verfasstheit unserer lebensweltlichen Interaktionen *in toto* geht. Wenn wir dieses vermeintliche Korollar einer wissenschaftlichen Weltanschauung wirklich ernst nähmen, es also nicht lediglich als Puzzle für die Debatte in philosophischen Fachzeitschriften oder Seminaren behandelten, dann müssten wir in der Tat unsere reaktiven moralischen Einstellungen und Gefühle, mit denen wir alle vertraut sind und die unser gesamtes Verhalten prägen, aufgeben. Strawson hat Recht, wenn er vermutet, dass dies nur um den Preis der Vereinsamung des Einzelnen zu erreichen wäre.

§ 3
Humanismus und Freiheit

Damit sind wir bei der Frage, was *Menschlichkeit* eigentlich ausmacht. Wir sprechen scheinbar paradoxerweise gelegentlich von einem menschlichen oder einem unmenschlichen Umgang mit Tieren. Gemeint ist aber nicht, dass wir Tiere vermenschlichen sollten oder dass wir zu kritisieren wären, wenn wir Tiere als Tiere und nicht als Menschen, also unmenschlich, behandeln, sondern dass es ein Gebot der Menschlichkeit sei, jedes empfindende Wesen rücksichtsvoll zu behandeln. Von Tieren können wir nicht verlangen, dass sie in diesem Sinne menschlich miteinander umgehen, denn Tiere sind für gute Gründe nicht zugänglich.[18] Sich selbst und andere als in ihrem Urteilen und Handeln von Gründen geleitete Wesen anzusehen, ist eine Grundvoraussetzung (oder, wer dies bevorzugt: eine

18 Dies ist eine allzu pauschale Formulierung. Es mag durchaus sein, dass einige hoch entwickelte Säugetiere, wie z. B. Menschenaffen, Delphine oder Hunde, in engen Grenzen Handlungsgründe abwägen.

transzendentale Bedingung) unserer lebensweltlichen Moralität. Negativ formuliert: Es ist eine transzendentale Bedingung unserer lebensweltlichen Moralität, dass wir uns selbst und andere als von kausalen Ursachen nicht vollständig determiniert ansehen. Was wir, belegt durch unsere reaktiven moralischen Einstellungen, voraussetzen, ist, dass Gründe unser Handeln leiten oder jedenfalls leiten können. Was hat diese Bedingung unserer lebensweltlichen Moral mit der Freiheitsfrage zu tun? Nun, das ist leicht beantwortet: *Wenn unser Handeln durch Anderes als Gründe vollständig bestimmt wäre, dann wäre diese Bedingung de facto nicht erfüllt.* Da in naturwissenschaftlichen Beschreibungen und Gesetzen Gründe keinen Ort haben, können wir diesen Konflikt auch in der Weise formulieren: *Eine vollständige naturalistische Beschreibung und Erklärung menschlichen Handelns ist mit unserer lebensweltlichen Moralität unvereinbar.* Die Freiheit, die die (transzendentale) Bedingung unserer lebensweltlichen Moralität ist, besteht in der *naturalistischen Unterbestimmtheit unserer Handlungs- und Urteilsgründe.*

Unter *Naturalismus* verstehe ich im Folgenden die Auffassung, dass grundsätzlich alle Phänomene, einschließlich mentaler und speziell intentionaler Zustände und Prozesse, also auch menschliches Handeln, mit naturwissenschaftlichen Methoden vollständig beschrieben und erklärt werden können. Eine solche Definition von Naturalismus bleibt vage, solange nicht näher bestimmt wird, was hier unter *naturwissenschaftlich* zu verstehen ist. Für unsere Zwecke ist eine allgemeine und präzise Definition nicht erforderlich, es genügt die Feststellung, und die wird auf einen breiten Konsens stoßen, dass jedenfalls Gründe in naturwissenschaftlichen Beschreibungen und Erklärungen keine irreduzible Rolle spielen dürfen. Die Bezugnahme auf Gründe müsste in einem naturwissenschaftlichen Argument ersetzbar sein durch naturwissenschaftlich Zugängliches, wie z. B. neurophysiologische Zustände.

Der *Non-Naturalismus* wäre dann eine Auffassung, die bestreitet, dass alle Phänomene, auch mentale und speziell intentionale Zustände und Prozesse, also auch Handlungen, mit naturwissenschaftlichen Methoden im Prinzip vollständig beschrieben und erklärt werden können. Uns interessiert speziell eine Variante des Non-Naturalismus, die Gründen eine zentrale und irreduzible Rolle bei der Erklärung menschlichen Handelns und Urteilens beimisst. Diese Variante des Non-Naturalismus bezeichne ich im Folgenden als *Humanismus*. Dieser Begriff von Humanismus benennt eine Position der theoretischen, nicht der praktischen Philosophie. Auf den Zusammenhang zwischen *theoretischem Humanismus* (der hier gemeinte) und *ethischem Humanismus* komme ich noch zurück. Die reaktiven moralischen Einstellungen und Empfindungen unserer Lebenswelt machen nur Sinn, wenn wir annehmen, dass unser eigenes Handeln und das Handeln Anderer von Gründen gesteuert ist. Anders formuliert: Unsere lebensweltliche Moralität steht in einem Abhängigkeitsverhältnis zum theoretischen Humanismus. Der theoretische Humanismus ist keine empirische Hypothese, die man für sich genommen überprüfen kann. Der theoretische Humanismus durchdringt unser gesamtes moralisches Begriffssystem. Ich meine damit nicht die von philosophischen Ethikern unternommenen Bemühungen um Systematisierung moralischer Begriffe, sondern die in unserer lebensweltlichen Praxis zum Ausdruck kommenden moralischen Einstellungen und Empfindungen im weitesten Sinne, die sich auf die Angemessenheit eigenen und fremden Handelns beziehen. Ich habe an anderer Stelle dafür argumentiert, dass die Gegenüberstellung von Gründen der Rationalität und Gründen der Moral ohnehin nicht durchzuhalten ist.[19] Die Freiheit, die wir voraussetzen müssen, ist also die der *Deliberation*, der Abwä-

19 Vgl. Julian Nida-Rümelin, *Strukturelle Rationalität. Ein philosophischer Essay über praktische Vernunft*, Stuttgart 2001.

gung theoretischer und praktischer Gründe. Dass wir in der Lage sind, Gründe abzuwägen und je nach Ergebnis dieser Abwägung zu urteilen und zu handeln, ist in der Tat Voraussetzung nicht nur für bestimmte reaktive moralische Einstellungen, sondern für den Kernbereich zwischenmenschlicher Interaktion, für kommunikatives Handeln.

Die insbesondere von Grice, Lewis und Bennett[20] entwickelte intentionalistische Semantik bietet reichhaltiges Illustrationsmaterial für diese Ausweitung der Perspektive. Um zu verstehen, was jemand *meint*, muss ich in schwierigen Fällen – und diese sind ja der Ausgangspunkt der intentionalistischen Semantik – Vermutungen darüber anstellen, unter welchen Bedingungen jemand Grund hat, ein Signal der betreffenden Art zu geben. Besonders Jonathan Bennett hat die impliziten Rationalitätsprämissen sprachlicher Verständigung herausgearbeitet. Wie ein *elementum alienum* zieht sich dabei durch die Beiträge insbesondere von David Lewis eine instrumentalistische Uminterpretation. Das Ziel von Verständigung ist in der Regel nicht die Beeinflussung des Adressaten durch geeignete Signale, sondern genuine Verständigung, d. h. gelungenes Mitteilen von Sachverhalten, gelungenes Warnen und andere Sprechakte. Der Sprechakt des Warnens durch den Ausruf: »Pass auf, dort ist ein Stier«, gelingt dann, wenn der Adressat aufgrund dieses Ausrufes annimmt, dass der Sprecher gute Gründe für seine Warnung hat, wenn der Adressat also vertrauensvoll auch ohne eigenen Augenschein davon ausgehen kann, dass sich in der Nähe ein Stier aufhält und dass ihm dies gefährlich werden könnte. Ohne verbreitete Konformität zu den Regeln der Wahrhaftigkeit und des Vertrauens ist keine Sprachgemeinschaft vorstellbar,

20 Vgl. H. P. Grice, *Studies in the Ways of Words*, Boston 1991; David Lewis, *Convention: A Philosophical Study*, Cambridge 1969; Jonathan Bennett, *Linguistic Behavior*, Cambridge 1976.

meint David Lewis,[21] und damit hat der Adressat Grund, sich in acht zu nehmen. Es hat eine Verständigung über Gründe stattgefunden. Beide gehen davon aus, dass sie in der Lage sind, Gründe abzuwägen und nach Gründen zu handeln, also, dass sie hinreichend rational sind.

Freiheit, Rationalität und Verantwortung sind über Gründe begrifflich eng miteinander verknüpft. Das Medium der Verknüpfung ist die Fähigkeit zu theoretischer und praktischer Deliberation, zur Abwägung von Gründen. Diese begriffliche Verknüpfung korrespondiert mit den entsprechenden reaktiven Einstellungen und Empfindungen. Wenn wir den Eindruck haben, dass jemand nicht in der Lage ist, Gründe abzuwägen, so ziehen wir ihn nicht oder nur eingeschränkt zur Verantwortung. Wir glauben dann nicht, dass er frei sei in seinen Entscheidungen. Wir werden ihm manches nicht übelnehmen, was wir anderen, freien, rationalen und verantwortlichen Menschen übelnehmen würden. Wenn Freiheit als eine transzendentale Bedingung im Sinne Strawsons verstanden wird, dann sind auch Rationalität und Verantwortung, d. h. die Fähigkeit, Gründe abzuwägen und entsprechend dieser Abwägung zu urteilen und zu handeln, transzendentale Bedingungen unserer lebensweltlichen Interaktionen.

Ist damit nun gezeigt, dass wir *de facto* frei, rational und verantwortlich sind? Für Kant waren spezifische Anschauungsformen von Raum und Zeit transzendentale Bedingungen empirischer Naturwissenschaft. Dies hat sich – allerdings erst im 20. Jahrhundert – als falsch herausgestellt. Es hat sich gezeigt, dass empirische Naturwissenschaft auch auf der Basis anderer Anschauungsformen möglich ist. Die vierdimensionale Raumzeit der Relativitätstheorie ist bis auf weiteres die Anschauungsform der modernen Physik. Der Absolutismus transzendentaler Bedingungen, wie er von Kant intendiert war, hat sich als

21 In: D. Lewis, »Languages and Language«, in: *Language, Mind and Knowledge*, hrsg. von K. Gunnerson, Minneapolis 1975.

nicht haltbar herausgestellt. Der Euklidische Raum galt Kant zu Recht als transzendentale Bedingung der Newtonschen Physik. Ja noch mehr: Die Euklidische Geometrie, die Isotropie des Raumes oder die Gerichtetheit der Zeit sind transzendentale Bedingungen lebensweltlicher empirischer Erfahrung. Wir können gar nicht anders, als diese Anschauungsformen zugrunde zu legen. Dies ist jedoch kein Beweis dafür, dass wir in einem dreidimensionalen Raum leben. Es ist allerdings ein Beweis dafür, dass sich diese Anschauungsform des dreidimensionalen, als euklidisch rekonstruierbaren Raumes in der Lebenswelt bewährt hat. Und in der Tat, der vierdimensionale Raum der Relativitätstheorie ist in den Grenzen der Präzision, die unserer lebensweltlichen Erfahrung gezogen sind, mit der Euklidischen Strukturierung unserer alltäglichen Erfahrungen kompatibel. Eine physikalische Theorie, die eine solche Kompatibilität nicht beinhaltete, würde uns als empirisch, nämlich schon in Bezug auf unsere alltäglichen Erfahrungen, als widerlegt gelten. Unsere Lebenswelt ist gegenüber epistemischen Revolutionen, anders als die Wissenschaft, resistent.[22]

Die Flussbettmetapher Wittgensteins in *Über Gewissheit* scheint mir die Sachlage treffend zu charakterisieren.[23] Die Grundlagen nicht nur unserer reaktiven moralischen Einstellungen und Empfindungen, sondern auch unserer Urteile und Argumente können von uns nicht in Frage gestellt werden. Dennoch sind diese Grundlagen nicht starr, nicht ein für allemal festgelegt, und die Übergänge zwischen den nicht bezweifelbaren Grundlagen und den be-

22 Der revolutionäre Übergang vom geozentrischen zum heliozentrischen Weltbild ist kein geeignetes Gegenbeispiel, da ich diese Interpretation der Wahrnehmung der Gestirne eher der Wissenschaft als der Lebenswelt zuordnen würde. Der Übergang von der animistischen zur entzauberten Lebenswelt war alles andere als revolutionär, es ist ein Prozess, der vor Jahrhunderten in unserem Kulturkreis begann und bis heute noch nicht abgeschlossen ist.

23 Ludwig Wittgenstein, *Über Gewissheit*, Frankfurt a. M. 1970.

gründungsbedürftigen Elementen unseres Überzeugungssystems im umfassendsten Sinne, also normative und deskriptive Überzeugungen gleichermaßen beinhaltend, sind fließend. Der Übergang von der Newtonschen Mechanik zur relativistischen bestand vor allem in der Ersetzung eines älteren Begriffsrahmens durch einen neuen und nicht so sehr in der Aufstellung neuer empirischer Gesetzmäßigkeiten. Man könnte es auch so formulieren: Die Grundlagen der physikalischen Analyse wurden verändert, um die empirischen Daten kohärenter interpretieren zu können. In unserer Lebenswelt sind abrupte Veränderungen dieser Art nicht zu erwarten. Sie sperrt sich gegenüber rationalistischen Konstruktionen, da sie zu tief mit den je individuellen und gesellschaftlichen Lebensformen verbunden ist, um *in toto* zur Disposition gestellt zu werden. Die utilitaristische Revolution unserer moralischen Überzeugungen hat nicht stattgefunden, unabhängig davon, wie überzeugend die Systematisierungsleistung, die begriffliche Präzision und die sprachphilosophische und entscheidungstheoretische Einbettung auch sein mögen. Im Konflikt zwischen Lebenswelt und Theorie verliert immer die Theorie. Die theoretische Klärung muss sich darauf beschränken, auf Inkohärenzen unserer lebensweltlichen Überzeugungen – sowohl unserer normativen als auch unserer deskriptiven – hinzuweisen und sie mit Systematisierungsvorschlägen, die das Gros unserer lebensweltlichen Überzeugungen unangetastet lassen, zu beheben. Je größer die kulturell akzeptierte Rolle der Rationalisierung unserer normativen wie deskriptiven Stellungnahmen ist, desto deutlicher werden die internen Inkohärenzen unserer lebensweltlichen Überzeugungen und desto bedeutsamer wird die Rolle der Theorie. Die Theorie gewinnt dann an kritischer Kompetenz.

Die Alternative metaphysischer (transzendentaler) *Absolutismus* versus metaphysischer (transzendentaler) *Relativismus* verstellt die tatsächliche epistemische Situation.

Die Option, die Metaphysik unserer lebensweltlichen deskriptiven und normativen Überzeugungen frei zu wählen oder auch nur wesentlich zu modifizieren, steht uns nicht offen. Wir können nicht anders, als uns selbst und diejenigen, mit denen wir normale menschliche Interaktionsbeziehungen pflegen, als *frei*, *rational* und *verantwortlich* zu interpretieren. Die Vorstellung, dass ein ferner Zustand der Welt vor sagen wir zweitausend Jahren – oder besser noch: vor Entstehung der menschlichen Spezies – zusammen mit den geltenden Naturgesetzen jeden seiner Nachfolgezustände festlegt und damit auch jedes menschliche Verhalten, erscheint aus dieser Perspektive nur bizarr. Eine Vorstellung dieser Art ist in der Tat nicht in unsere lebensweltliche Praxis und die sie tragenden Überzeugungen integrierbar. Niemand, der seine eigenen reaktiven Einstellungen und Empfindungen, seine eigene Praxis einsetzt, theoretische wie praktische Gründe abzuwägen, niemand, der Andere mit Argumenten zu überzeugen versucht, niemand, der Andere tadelt, der Anderen etwas übelnimmt, der Anderen dankbar ist, kann ernsthaft davon überzeugt sein, dass das Gesamt menschlicher Interaktionen, einschließlich seines eigenen Verhaltens, schon immer im Voraus festgelegt war. Die Option des Determinismus bzw. des naturalistischen Probabilismus bleibt eine akademische, d. h., sie hat einen ähnlichen Status wie die Bezweifelung des Fremdpsychischen, die radikale Skepsis oder der Solipsismus.

Aus dieser Perspektive erscheint die Debatte um Willensfreiheit in der Analytischen Philosophie in einem neuen Licht. Etwas, das – in dem soeben erläuterten Sinne – nicht ernsthaft, d. h. mit allen Konsequenzen für unsere lebensweltliche Praxis, geleugnet werden kann, nennen wir es kühn das *Faktum menschlicher Freiheit*, sollte so zurechtgelegt, so interpretiert werden, dass es der angestrebten Kontinuität von Philosophie und Naturwissenschaft nicht im Wege stand. Das mag auch den aufgeregten

Tonfall erklären, der sich durch die meisten Beiträge zu dieser Thematik zieht. Es stand und steht viel auf dem Spiel, nämlich nicht weniger als ein Konflikt zwischen zentralen lebensweltlichen Überzeugungen, die – wie wir gesehen haben – nicht ernsthaft zur Disposition stehen, und zentralen Annahmen des wissenschaftlichen Weltbildes. Nur eine kleine Minderheit der analytischen Philosophen hat in den vergangenen hundert Jahren behauptet, dass unsere lebensweltlichen Überzeugungen insgesamt auf einem zentralen Irrtum beruhten. Die Klarsichtigsten aus dieser radikalen Minderheit haben dabei nicht bestritten, dass hier mehr auf dem Spiel steht als ein verbreitetes Vorurteil, nämlich das gesamte System unserer normativen Beurteilungen, das Freiheit mit moralischer Verantwortlichkeit notwendig verbindet.[24] Normativer Humanismus setzt theoretischen Humanismus voraus. Die Umkehrung gilt nicht; jemand kann theoretischer Humanist sein, d. h. die These akzeptieren, dass Menschen die Fähigkeit haben, Gründe abzuwägen und ihr Handeln am Ergebnis dieser Abwägung auszurichten, ohne ethischer Humanist zu sein. Der ethische Humanismus ist inhaltlich, durch normative Kriterien richtigen Handelns, bestimmt. Der theoretische Humanismus ist dagegen ethisch neutral.

Die Annahme, dass unser Handeln durch Gründe geleitet ist, kann philosophisch nicht zur Disposition stehen. Damit ziehen Gründe, d. h. unsere Fähigkeit, Gründe abzuwägen und unsere Überzeugungen und Handlungen von dieser Abwägung leiten zu lassen, eine – nennen wir es etwas dramatisch – *ultimative* Grenze für die Erklärungskraft naturalistischer Argumente und Theorien.[25]

24 Vgl. etwa Richard Double, *The Non-Reality of Free Will*, New York 1991, und *Metaphilosophy and Free Will*, New York 1996.

25 Philosophen, die vom Deutschen Idealismus geprägt sind, werden dem entgegenhalten: »Nein, die ultimative Grenze wird nicht durch Gründe, sondern durch Selbstbewusstsein gezogen«. Ich will dem gar nicht widersprechen, weil ich vermute, dass diese beiden Grenzen deckungsgleich sind.

Eine *ultimative Grenze* deshalb, weil die naturalistische Nichtintegrierbarkeit von *Qualia* dafür spricht, dass diese Grenze naturalistischer Erklärbarkeit noch weit enger gezogen werden muss.[26] Der logische Raum der Gründe, wie John McDowell und andere Nachfolger Strawsons das Phänomen gern nennen, ist das Reich humanistischer Erklärungen (im Sinne des theoretischen Humanismus) und humanistischer Beurteilungen (im Sinne des ethischen Humanismus). Der logische Raum der Kausalerklärungen, seien sie deterministischer oder probabilistischer Natur, ist das Reich naturalistischer Beschreibungen und Erklärungen. Keines dieser beiden Reiche sollte den Versuch machen, sich das andere einzuverleiben, denn ein solches Unterfangen wird fehlschlagen. Die eine Richtung dieses Fehlschlages war Gegenstand dieser Ausführungen. Menschliche Freiheit im Sinne der naturalistischen Unterbestimmtheit von Gründen – theoretischen und praktischen – ist kein isoliertes philosophisches Postulat, sondern tief mit unserer alltäglichen Praxis der Verständigung und der moralischen Beurteilung verwoben. Freiheit ist in diesem Sinne wohlbegründet.

26 Vgl. dazu Martine Nida-Rümelin, *Farben und phänomenales Wissen*, Wien 1993, und »Grasping Phenomenal Properties«, in: *Phenomenal Concepts*, hrsg. von T. Alter und S. Walter, Oxford 2004.

II

Warum Entscheidungen notwendig frei sind

Was für eine Entität ist eine Entscheidung? Drei Dinge scheinen für Entscheidungen wesentlich zu sein:

- eine Entscheidung markiert den Abschluss einer Abwägung (§ 1),
- bevor die Entscheidung getroffen ist, liegt noch nicht fest, wie diese ausfällt (§ 2),
- eine getroffene Entscheidung realisiert sich in Handlungen (§ 3).

Diese Charakterisierung wirft zwei Fragen auf: Welche Rolle spielt das verfügbare Wissen (§ 4) und welche Rolle spielt die Kausalität für die Freiheit der Entscheidung (§ 5)?

§ 1
Abwägung und Entscheidung

Jeder Entscheidung geht das Abwägen von Gründen voraus. Auf die Frage »Was soll ich tun?« reagiert die rationale Person, indem sie abwägt, welche Handlungsoptionen offen stehen und welche Gründe für bzw. gegen die einzelnen Handlungsoptionen sprechen. Es gäbe ein schiefes Bild, wenn man diesen Abwägungsprozess als introspektiv charakterisierte. Es ist nicht so, dass die Person, die eine Entscheidung treffen möchte, in sich geht oder in sich hineinhorcht, welches ihre dominierenden Neigungen sind, welche Wünsche stärker sind als andere. Gründe abzuwägen ist nicht dasselbe wie dem nachzuspüren, was meine stärksten inneren Motive oder Wünsche sind.

Das bedeutet nicht, dass die eigenen Neigungen und Wünsche[27] in diesem Prozess des Abwägens von Gründen

27 Ich spreche von *Neigungen und Wünschen*, um dem Missverständnis vorzubeugen, dass *Wünsche* hier in dem technischen oder weiten Sinne ge-

keine Rolle spielen – sie müssen sogar in diesen Prozess eingehen, damit nicht Wesentliches vernachlässigt wird. Manche Gründe beziehen sich nicht auf eigene Neigungen und Wünsche, sondern auf diejenigen anderer Personen. Wenn ich weiß, dass sich ein guter Freund sehr wünscht, dass ich mich in der einen und nicht in der anderen Weise entscheide, dann muss dieser Wunsch, der nicht mein eigener Wunsch ist, in die Abwägung von Gründen mit eingehen.

Natürlich verschiebt sich durch die Formulierung »Gründe abwägen« die Problematik auf die Frage, was Gründe eigentlich sind. Wenn Gründe für oder wider eine *Handlung* sprechen, dann nennen wir sie *praktische* Gründe. Wenn Gründe für oder wider eine *Überzeugung* sprechen, dann nennen wir sie *theoretische* Gründe. Praktische Gründe steuern die konativen Einstellungen und theoretische Gründe steuern die epistemischen Einstellungen einer rationalen Person. Zu den konativen Einstellungen gehören z. B. Wünsche, Hoffnungen, Absichten etc. Konative Einstellungen lassen sich, sofern sie kohärent sind, durch eine Funktion subjektiver Wünschbarkeit repräsentieren. Theoretische Gründe hingegen steuern die Überzeugungen einer rationalen Person. Sie geben Antwort auf die Frage, was für oder wider eine Vermutung spricht oder für oder wider eine Theorie.

braucht würden wie in der zeitgenössischen englischsprachigen Philosophie *desire*. Wenn ich mich bemühe, gerecht gegenüber meinen Studierenden zu sein, so könnte man mir in diesem technischen Sinne ein *desire* zuschreiben, gerecht zu sein. Wenn ich mich verpflichtet fühle, einem in Not Geratenen zu helfen, dann könnte man mir das *desire* zuschreiben, dem in Not Geratenen zu helfen. Da diese Redeweise jedoch wesentliche Unterschiede verdeckt oder geeignet ist, von vornherein eine spezifische Theorie der Handlungsmotivation, die oft als *humean* bezeichnet wird, festzulegen, soll hier von Wünschen im üblichen, alltagssprachlichen Sinne die Rede sein, indem ich z. B. nicht wünsche, dem Straßenräuber meine Geldbörse auszuhändigen, sondern mich lediglich gezwungen sehe, dies zu tun.

Eine besondere Art von Gründen liefern logische Relationen. Wenn ich von *P* überzeugt bin und *P'* aus *P* logisch folgt, dann habe ich Grund, auch von *P'* überzeugt zu sein. Wenn ich *P* wünsche und *P* nicht erhalten kann, wenn ich nicht *P'* tue, dann habe ich einen *prima facie* guten praktischen Grund, *P'* zu tun. Wir wollen annehmen, dass sich alle propositionalen – also konativen und epistemischen – Einstellungen in diese Struktur einbetten lassen anhand von zwei Funktionen: eine, die die subjektiven Wünschbarkeiten (das Maß, in dem etwas gewünscht ist oder wünschenswert erscheint) repräsentiert, und eine andere, die die subjektiven Wahrscheinlichkeiten (das Maß, in dem ich etwas erwarte) repräsentiert.

Wir akzeptieren damit den begrifflichen Rahmen der rationalen Entscheidungstheorie, die hier von *utility* und *probability functions* spricht. Damit legen wir uns lediglich darauf fest, dass die rationale Abwägung von Gründen zu kohärenten propositionalen Einstellungen konativer und epistemischer Art führt. Es ist lediglich die Kohärenz dieser Einstellungen, die sich in bestimmten subjektiven Präferenzen und Wahrscheinlichkeiten niederschlägt, die den Begriffsrahmen der Entscheidungstheorie aufspannt. Die Entscheidungstheorie ersetzt jedoch in keiner Weise die inhaltliche Bestimmung guter Gründe. Rational entscheiden heißt, sich von guten praktischen Gründen leiten zu lassen. Da praktische Gründe in der Regel nicht unabhängig von theoretischen Gründen sind, ist eine gute Entscheidung geleitet sowohl von der Abwägung praktischer wie von der Abwägung theoretischer Gründe. Erst bestimmte epistemische Überzeugungen erlauben es in der Regel festzulegen, welche Entscheidung die richtige ist.

Bei der Abwägung praktischer und theoretischer Gründe horche ich nicht in mich hinein: das ist *kein introspektiver Vorgang*. Für theoretische Gründe ist dies allgemein akzeptiert. Einzelne wissenschaftliche Disziplinen sind letztlich nichts anderes als der Versuch, gute theoretische Gründe für bestimmte empirische Überzeugungen zu liefern. Erfolgreich sind solche wissenschaftlichen Disziplinen nicht durch das Verfahren der Introspektion, sondern durch den Austausch guter Argumente. Gleiches gilt für praktische Gründe. Auch diese rekurrieren in letzter Instanz nicht auf die Intensität eigener Neigungen und Wünsche, sondern beruhen auf *Argumenten*. Die Logik spielt für beide Arten von Gründen eine vergleichbare Rolle. Da es keinen archimedischen Punkt gibt, von dem aus das *Spiel der Begründung* beginnen kann, bleibt das *Abwägen*, d. h. der Versuch, die unterschiedlichen theoretischen und praktischen Gründe kohärent zu machen. Gewichtigere Gründe stechen im Konfliktfall weniger gewichtige aus, wobei es Regeln des Begründens gibt, die nicht zur Disposition stehen können, da sie das Begründen selbst erst ermöglichen. Diese Regeln erschöpfen sich nicht in der Logik, aber sie enthalten diese gewissermaßen als einen Kern.

Die rationale Person lässt ihr Urteilen und Handeln von praktischen wie theoretischen Gründen leiten. Sie versucht, das Gesamt ihrer theoretischen und praktischen Gründe kohärent zu machen und, konfrontiert mit Handlungsoptionen und Vermutungen, diese möglichst passend einzufügen. Sie entscheidet sich gegen eine Handlungsoption, wenn die Abwägung praktischer Gründe negativ ausfällt, wie sie eine Vermutung zurückweist, wenn die Abwägung theoretischer Gründe negativ ausfällt. Beide Prozesse sind miteinander untrennbar verbunden. In einem bestimmten Sinne kommt dieses Abwägen nie zu einem Ende, da wir immer wieder neu mit Handlungsoptionen und Vermutungen konfrontiert sind. Dennoch besteht die Notwendigkeit, wenigstens für einen Moment innezuhalten und festzulegen, was zu tun und was anzunehmen sei. Dieser *Moment des Innehaltens*, dieser vorläufige und den weiteren Prozess des Abwägens theoretischer wie praktischer Gründe nur auf Dispens stellende Augenblick, dies genau macht eine Entscheidung aus.[28]

§ 2
Offenheit der Entscheidung

In einem bestimmten Sinne sind Entscheidungen *Ereignisse*. Man kann durchaus sagen, dass es sich ereignet hat, dass sich eine Person an einem bestimmten Tag zu einer bestimmten Uhrzeit entschieden hat. Für so gut wie alle Ereignisse in Vergangenheit, Gegenwart oder Zukunft kann ich subjektive Wahrscheinlichkeiten haben. Ich kann für die Vergangenheit mehr oder weniger sicher sein, dass dieses Ereignis stattgefunden hat oder nicht stattgefunden hat, und ich kann insbesondere für die Zukunft in unterschiedlichem Grade erwarten, dass ein Ereignis stattfinden wird. Ich habe unterschiedliche subjektive Wahrscheinlichkeiten hinsichtlich zukünftiger Ereignisse. Merkwürdig ist nun, dass Gleiches für Entscheidungen als besondere Arten von Ereignissen nicht zu gelten scheint. Ich kann zwar gewiss sein, dass dies oder jenes in Zukunft geschehen wird, aber ich kann mir nicht gewiss sein, dass ich mich so oder so entscheiden werde. Solange die Entscheidung noch nicht getroffen ist, ist es ausgeschlossen, dass ich selbst schon weiß, welche Entscheidung ich treffen werde. Wohlgemerkt geht es hier um *eigene* Entscheidungen und um *eigene* Vermutungen und Erwartungen *eigene* Entscheidungen betreffend.

28 Interessanterweise lässt sich der Terminus *Entscheidung* nicht nur angesichts von Handlungsoptionen, sondern auch angesichts von Vermutungen bzw. von Überzeugungsoptionen gebrauchen. Ich kann mich für eine Theorie oder eine Hypothese oder eine Vermutung entscheiden. Auch hier wird der Prozess der Abwägung theoretischer Gründe für einen Moment dispensiert, unterbrochen – und im günstigen Fall zum Abschluss gebracht.

Wenn ich sage, dass es nicht möglich sei, gewiss zu sein, welche Entscheidung man treffen wird, so ist dieses *möglich* im logischen Sinne zu verstehen. Es ist logisch oder begrifflich ausgeschlossen, dass ich hinsichtlich eigener Entscheidungen, bevor diese Entscheidungen getroffen sind, subjektive Gewissheiten habe. Dies lässt sich verallgemeinern zu der Feststellung, dass ich hinsichtlich eigener zukünftiger Entscheidungen nicht nur keine Gewissheit haben kann, sondern dass es grundsätzlich keinen Sinn macht, hinsichtlich eigener zukünftiger Entscheidungen subjektive Wahrscheinlichkeiten zu haben. Diese Verallgemeinerung mag zweifelhafter erscheinen als die ursprüngliche These, dass es begrifflich ausgeschlossen ist, dass ich mir meiner eigenen zukünftigen Entscheidungen gewiss bin, also eine subjektive Wahrscheinlichkeit von 1 habe. Schließlich kennen wir alltagssprachlich durchaus die Redeweise, dass wir hinsichtlich Entscheidungen, die in ferner Zukunft zu treffen sind, schon heute Vermutungen anstellen, wie diese ausfallen werden. Dies geht jedoch nur, wenn diese Entscheidungsfindung noch nicht unmittelbar bevorsteht, d. h. genauer, wenn die Bedingungen der Abwägung noch nicht offenkundig sind. Man kann diese Form von Vermutungen, die sich auf die eigenen Entscheidungen beziehen, daher so verstehen, dass die Bedingungen, unter denen die Entscheidungsfindung erfolgt, noch nicht bekannt sind, man aber bestimmte Erwartungen hat, wie diese Bedingungen wohl ausfallen werden. Erwartungen bezüglich eigener Entscheidungen erscheinen also nur dann als sinnvoll, wenn je nach Situation das Ergebnis der Abwägung von Gründen auf der Hand liegt, während die Situation selbst noch nicht festgelegt ist. Wenn die Entscheidung unmittelbar bevorsteht, ist diese Interpretation ausgeschlossen. Dann sind die Bedingungen der Entscheidungsfindung klar: entweder sind sie dergestalt, dass das Ergebnis der Abwägung von Gründen schon festliegt – dann ist die Entscheidung schon getroffen –, oder das Ergebnis der Abwägung ist trotz Kenntnis der Entscheidungsbedingungen noch offen. Dann machen auch Erwartungen hinsichtlich des Ergebnisses keinen Sinn. Subjektive Gewissheit bezüglich eigener zukünftiger Entscheidungen ist begrifflich ausgeschlossen. Das Ergebnis der Abwägung muss offen sein, damit überhaupt eine Entscheidung getroffen werden kann. Diese Feststellung ist logisch wahr.

§ 3
Entscheidung und Handlung

Entscheidungen im engeren Sinne werden durch Handlungen realisiert. Ich entscheide mich dafür, dies zu tun. Man könnte auch Entscheidungen für eine Hypothese als implizite Entscheidungen für eine Handlung interpretieren: Ich entscheide mich dafür, im Folgenden meine wissenschaftliche Praxis auf die Annahme der Wahrheit dieser Hypothese zu stützen oder Ähnliches. Allerdings wirken solche Interpretationsversuche etwas künstlich. Betrachten wir also zunächst den Normalfall. Wir können dann sagen, dass sich die Entscheidung in einer Handlung realisiert, die dieser Entscheidung entspricht. Entscheidungen scheinen dementsprechend Intentionen einer besonderen Art zu sein. Intentionen, die sich durch eigene Handlungen erfüllen. Damit zeichnet sich nach (1), Entscheidungen bringen Abwägungen von Gründen oder Deliberationsprozesse zu einem Abschluss, und (2), Entscheidungen sind vorab nicht determiniert, wir können auch sagen *frei,* ein drittes Charakteristikum von Entscheidungen ab: (3) Entscheidungen sind eine besondere Art von Intentionen, nämlich solche, die durch eigene Handlungen erfüllt werden. Wir können auch sagen, dass Entscheidungen als Absichten Ergebnis eines Abwägungsprozesses darstellen, die darauf gerichtet sind, durch eigene Handlungen erfüllt zu werden.

Entscheidungen sind Absichten, die unser Handeln leiten. Die erste Art von Absichten, die unser Handeln leiten, bezeichnen wir als *motivierende* Absichten oder *motivierende* Intentionen. Diese motivieren – wie der Name schon sagt – unser Handeln. Eine typische, das Handeln motivierende Absicht ist z. B. diejenige, mit der Handlung eine bestimmte erwünschte *Folge* der Handlung herbeizuführen. Mit unserem Handeln wirken wir kausal auf die Welt ein, und wir sind zu unseren Handlungen oft dadurch motiviert, dass wir diese Einwirkung hinsichtlich der kausalen Folgen des Handelns möglichst günstig gestalten wollen.

Eine Theorie, die rationales Handeln ausschließlich durch die motivierende Absicht bestimmt, die Folgen zu optimieren, bezeichnen wir als *konsequentialistische* Rationalitätstheorie. Ich habe an anderer Stelle ausführlich gezeigt, warum eine konsequentialistische Rationalitätstheorie scheitert,[29] ohne jedoch weitergehend zu behaupten, dass es nicht rational sein könne, eine Handlung in der motivierenden Absicht zu vollziehen, die kausalen Folgen der Handlung zu optimieren. Die *Theorie struktureller Rationalität* besagt allerdings, dass die Folgenoptimierung nur in bestimmten Grenzen rationales Handeln ausmacht. Die Grenzen sind durch Strukturen der Lebens- und Gesellschaftsform, die uns wünschenswert erscheinen und die die Begründungspraxis bestimmen, gezogen.[30] Diese Einbettung der singulären Handlung in Strukturen findet ihren offensichtlichsten Ausdruck in der Praxis der Begründung von Handlungen. Akzeptierte Gründe bringen jeweils bestimmte Aspekte dieser strukturellen Einbettung zum Ausdruck. Dabei lässt sich leicht zeigen, was ich hier aber nicht wiederholen möchte, dass diese Einbettungsrelation nicht etwa, wie die ökonomi-

29 Julian Nida-Rümelin, *Kritik des Konsequentialismus*, München 1993.
30 Julian Nida-Rümelin, *Strukturelle Rationalität. Ein philosophischer Essay über praktische Vernunft*, Stuttgart 2001.

sche Standardinterpretation der rationalen Entscheidungstheorie annimmt, dadurch zu erreichen ist, dass sie als *empirische Bedingung* des Handelns in das Kalkül der Folgenoptimierung eingeht. Dieser Übersetzungsversuch der strukturellen Konstitution praktischer Rationalität in empirische Randbedingungen der Folgenoptimierung schlägt schon deswegen fehl, weil die Rationalität von Handlungen in vielen Fällen nicht durch erwartete zukünftige kausale Folgen dieser Handlung, sondern durch ihre Vorgeschichte bestimmt ist. Unter Normalbedingungen habe ich einen guten Grund, meine Versprechen zu halten, nicht deswegen, weil der Bruch des Versprechens negative Folgen hätte, sondern *ipso facto*, weil ich es versprochen habe. Die Institution des Versprechens, d. h. die normative Praxis, die Verlässlichkeit ermöglicht, ist mit einer konsequenten individuellen und punktuellen Folgenoptimierung des Handelns systematisch unvereinbar, obwohl es Einzelfälle gibt, in denen Folgenoptimierung und Konformität mit dieser zentralen Institution sozialer Praxis konvergiert. Der Begriff der *motivierenden Absicht* muss daher weiter gefasst werden. Motivierende Absichten beziehen sich eben nicht nur auf die kausalen Folgen der Handlung, sondern auch auf ihre strukturelle Rolle. Zur strukturellen Rolle einer Handlung gehört, ob sie sich in bestimmte Strukturen der Interaktion, die durch normative Institutionen gesichert wird, einfügt. So kann es die motivierende Absicht einer Handlung sein, ein Versprechen, das ich vor geraumer Zeit gegeben habe, zu erfüllen.

In welchem Verhältnis stehen nun motivierende Absichten und praktische Gründe? Wenn die Abwägung von Gründen in der Entscheidung zum Abschluss gekommen ist, so lässt sich die Entscheidung gegenüber mir selbst und gegenüber anderen Personen rechtfertigen, indem auf die für das Ergebnis der Abwägung ausschlaggebenden Gründe Bezug genommen wird. Jedem dieser Gründe entspricht eine die Handlung motivierende Absicht, insofern die Handlung, für die ich mich entschieden habe, den Gründen gegenüber angemessen ist. Der Angemessenheit einer Handlung hinsichtlich der für sie ausschlaggebenden Gründe entsprechen die die Handlung motivierenden Absichten. Diese enge Korrelation von leitenden Gründen und motivierenden Absichten mag die Hartnäckigkeit der bis heute anhaltenden Kontroverse zwischen *Internalismus* und *Externalismus* bezüglich Gründen erklären.[31] Gründe sind, wie wir in § 2 gesehen haben, nichts Mentales. Der von Frege und Husserl zurückgewiesene Psychologismus in der Logik ist auch in der Theorie der Gründe die falsche Konzeption. Gründe sind ebenso wenig wie logische Schlussregeln mentale Entitäten. Unbeschadet dessen werden die Regeln des logischen Schließens für die Praxis der Argumentation wirksam dadurch, dass Meinungen revidiert werden, wenn sie mit diesen Regeln in Widerspruch geraten, oder allgemeiner ausgedrückt: sie werden wirksam dadurch, dass die Meinungsbildung in einer kohärenten Weise erfolgt und d. h. unter anderem mit den Regeln des logischen Schließens übereinstimmt. Diese Regeln des logischen Schließens entdecken wir jedoch nicht durch psychologische Untersuchungen.

Gleiches gilt für Gründe. Jedoch wirksam, d. h. handlungsleitend, werden Gründe erst dadurch, dass sie von einem Akteur akzeptiert werden. Einen *Grund akzeptieren* heißt, ihn mit motivierender Kraft auszustatten. Akzeptierten Gründen entsprechen daher motivierende Absichten. Der Internalismus bezüglich Gründen meint, dass Gründe nichts anderes sein könnten als spezifische Formen von subjektiven Wünschen. Gründe sind jedoch keine Wünsche. Gründe steuern unsere Absichten und sie kontrollieren Entscheidungsprozesse und damit Handlungen, insofern wir sie uns zu eigen machen. Das Zueigenmachen von Gründen ist das Ergebnis praktischen Delibe-

31 Vgl. etwa die Beiträge des Sammelbands *Ethics and Practical Reason*, hrsg. von G. Cullity und B. Gaut, Oxford 1997.

rierens, d. h. von Einsicht. Mir scheint, dass der Aristotelische Begriff der *phronesis* für diesen Vorgang der passende ist.[32] Es sind nicht die Absichten, die ich *de facto* habe im Sinne mentaler Dispositionen und Einstellungen, sondern es ist die angemessene Abwägung von Gründen, die eine Entscheidung und die auf einer solchen Entscheidung beruhende Handlung rational macht. Mit dieser Charakterisierung ist durchaus vereinbar, dass ein Grund, sofern er einmal akzeptiert wurde, unmittelbar handlungsleitend sein kann und nicht zusätzlicher Motive, Wünsche und Neigungen bedarf, um handlungswirksam zu werden. Motivierende Absichten sind also das Resultat des Akzeptierens von Gründen. Eine rationale Person orientiert sich an den besseren Gründen und überführt diese in handlungsmotivierende Absichten. Metaphorisch gesprochen: Die Quelle praktischer Vernunft sind Gründe, die durch Einsicht (*phronesis*) handlungsleitend werden. Motivierende Absichten begleiten diesen Prozess und sind Ausdruck dieses Prozesses. Motivierende Absichten sind die mentalen Repräsentanten akzeptierter Gründe.

Entscheidungen unterscheiden sich von motivierenden Absichten. Motivierende Absichten werden dadurch erfüllt, dass die Handlung effektiv ist hinsichtlich dieser Absichten, d. h. dadurch, dass die Handlung Resultate oder Konsequenzen hat, die beabsichtigt waren (im Sinne der motivierenden Intentionen). Ich unterscheide hier zwischen *Resultaten* und *Konsequenzen*, da motivierende Absichten, wie oben ausgeführt, nicht ausschließlich auf (kausale) Konsequenzen einer Handlung abzielen. Eine Handlung, die ein Versprechen erfüllt, erreicht dies nicht durch ihre kausalen Konsequenzen. In diesem Fall wäre das Versprechen zu erfüllen keine Konsequenz, sondern ein Resultat der Handlung. So mag es die motivierende

32 Vgl. Aristoteles' Auseinandersetzung mit den dianoetischen Tugenden in Buch VI der *Nikomachischen Ethik* mit dem Focus auf derjenigen dianoetischen Tugend, die das richtige Handeln anleitet: *phronesis*.

Absicht einer Handlung sein, zu kooperieren. Ob diese motivierende Absicht durch die Handlung erfüllt wird, hängt dann davon ab, ob sich diese Handlung einfügt in eine Struktur der Interaktion, die die beabsichtigte Kooperation beinhaltet. Die kausalen Folgen der Handlung sind für diese motivierende Absicht unerheblich. Durch die Handlung kooperiert zu haben, wäre ein Resultat, keine Konsequenz dieser Handlung.

Entscheidungen kann man nicht als handlungsmotivierende Absichten charakterisieren. Entscheidungen sind vielmehr Absichten eines bestimmten Typs, der dadurch charakterisiert ist, dass es die Handlungen selbst sind, die Absichten dieses Typs erfüllen. Während die Erfüllung motivierender Absichten von der Effektivität der Handlung abhängt, ist die Erfüllung von Entscheidungen schon durch die betreffende Handlung selbst gegeben. Entscheidungen sind Absichten, die durch Handlungen erfüllt werden.

Allerdings wird diese besondere Form von Absicht nicht durch ein physisches Ereignis erfüllt, nicht dadurch, dass sich die Welt in einer spezifischen Weise ändert, die dieser Absicht entspricht, sondern ausschließlich dadurch, dass die Person, die diese Absicht hat, sie durch ein geeignetes eigenes Handeln erfüllt. Das heißt, dass selbst wenn ein anderes Ereignis, das nicht als eigenes Handeln der entscheidenden Person zugeschrieben werden kann, die gleichen kausalen Wirkungen auf den Weltverlauf hätte, würde dieses Ereignis eine Entscheidung nicht realisieren bzw. die Entscheidung als vorausgehende Absicht oder Intention nicht erfüllen.

Handlungen haben einen Doppelcharakter als mentale und physische Ereignisse. Während das Verhalten einer Person als rein physisches Ereignis oder als ein rein physischer Prozess beschrieben werden kann, muss ein Handeln durch einen spezifischen mentalen Prozess, den ich als *begleitende Intentionalität* bezeichne, charakterisiert sein. Dies ist neben der motivierenden und der vorausgehenden die dritte Form von Intentionalität, die unser Verhalten bestimmt, insofern es Handlungscharakter hat. Man könnte diese dritte Form von Intentionalität, die bei Handlungen im Spiel ist, als die *konstitutive* bezeichnen, denn erst diese macht Verhalten zu Handlung.

Dass diese Dreiteilung zwar begrifflich sinnvoll, ja in meinen Augen zwingend ist, aber letztlich doch nur unterschiedliche Aspekte eines einzigen Phänomens charakterisiert, wird deutlich, wenn man sich die Frage stellt, inwiefern der Handelnde seine Handlungen kontrolliert. Die rationalitätssichernde Form der Kontrolle ist diejenige über Gründe. Das heißt, die bestimmende Rolle von Gründen für Handlungen ist entscheidend dafür, dass man eine Handlung als rational bezeichnen kann. Wir haben Entscheidungen charakterisiert als handlungsvorausgehende Absichten, die einen Deliberationsprozess, d. h. das Abwägen von Gründen, zum Abschluss bringen. Damit sind Gründe mit der dritten Form von Intentionalität, nämlich motivierenden Absichten, verbunden und ordnen Entscheidungen und die auf Entscheidungen beruhenden Handlungen in den größeren Kontext der von der Person akzeptierten Strukturen ihrer Lebensform ein. Die durch das Abwägen von Gründen in den Entscheidungsprozess eingeführte Rationalität ist keine unbedingte, sie hat ihre letzten Bestimmungsgründe nicht in einem wie auch immer gearteten Rationalitätsprinzip, sondern in nicht mehr weiter zu hinterfragenden konativen und epistemischen Einstellungen. Da diese nicht ein für alle Mal bestimmt sind, sondern z. B. dann in Frage stehen, wenn die auf ihnen beruhenden Begründungen zu Inkohärenzen führen, sind wir damit nicht auf eine fundamentalistische Rationalitätstheorie festgelegt. Es gibt nicht fundamentale, grundsätzlich nicht mehr bezweifelbare epistemische und konative Einstellungen, die das Gesamt der Begründung tragen. Es ist das Gefälle subjektiver Gewissheit theoretischen und praktischen Gründen gegenüber, die den Begründungsprozess sowohl intrapersonell, also in der Abwägung einer Person, als auch interpersonell, d. h. in der Rechtfertigung gegenüber anderen, steuern.

In vielen Fällen allerdings entscheidet man sich für probabilistische Alternativen, d. h. für eine Option, deren konkrete kausale Einwirkung auf die Welt vom Zufall abhängt. Hierfür kann sowohl *epistemische Unvollkommenheit*, also mangelndes Wissen, ausschlaggebend sein, was probabilistische Alternativen auch in einer streng deterministischen Welt erhält, oder Probabilismus im Sinne *objektiver* Wahrscheinlichkeiten, d. h. realer zufälliger Prozesse in der Welt. So unterschiedlich diese beiden Formen probabilistischer Alternativen sind, beide lassen sich gleichermaßen durch das Kriterium der Maximierung des Erwartungswertes in die rationale Entscheidungsfindung integrieren. Der Erwartungswert beruht auf derjenigen Wahrscheinlichkeitsverteilung, die die handelnde Person ihrer Entscheidung zugrunde legt.

Die für die Handlung konstitutive Kontrolle erfolgt durch *handlungsbegleitende Intentionalität.* Das Verhalten, das den äußeren Aspekt einer Handlung bildet, wird gewissermaßen im Prozess intentional begleitet und im Falle einer Abweichung gestoppt bzw. modifiziert. So schwierig dieses Phänomen der Verbindung eines mentalen und eines physischen Ereignisses bzw. Prozesses auch begrifflich und theoretisch zu fassen ist, so sehr ist es uns doch alltäglich vertraut. Ein Verhalten ohne diese intentionale Form der »Endkontrolle« würden wir nicht als eigenes Handeln empfinden und uns dafür auch nicht verantwortlich fühlen. Auch der Übergang von der Entscheidung als vorausgehender Intention zur Handlung ist natürlich intentional gesteuert. Mit der getroffenen Entscheidung wird kein kausaler, naturgesetzlich ablaufender Prozess in Gang gesetzt, der am Ende die Handlung auslöst. Zwischen vorausgehender Intention und begleitender

Intention findet wiederum ein intentionaler Prozess statt, der den Zeitpunkt und die Form der Realisierung der Entscheidung bestimmt.

Nun liegt der Einwand auf der Hand, dass die so beschriebene Rolle von Gründen und Absichten für Entscheidungen weit von der Realität entfernt sei. Nur selten würden selbst im Idealfall verantwortliche und vernünftige Personen in dieser Weise ihre Entscheidungen vorbereiten. Wer setzt sich schon hin, dispensiert das Spiel von Neigungen und Wünschen, um Gründe *sine ira et studio* abzuwägen, um dann diejenige Handlung zu realisieren, die dieser Entscheidung am besten entspricht? Dieser Einwand wäre jedoch nur dann eine ernste Herausforderung für die gegebene Beschreibung, wenn sich unter Normalbedingungen ein grundsätzlich anderer mentaler Prozess abspielte. Dies ist jedoch nicht der Fall. Zweifellos schrumpfen die Zeiträume für die meisten alltäglichen Entscheidungen auf ein Minimum zusammen. Für die Abwägung der ausschlaggebenden Gründe bleibt wenig Zeit und diese Abwägung ist in den meisten Fällen auch gar nicht erforderlich, da die Gründe ohnehin auf der Hand liegen. Auch der Dispens von eigenen Neigungen und Wünschen ist nur in dem Umfang erforderlich, in dem die unmittelbare Befolgung der im Augenblick wirkenden Neigungen und Wünsche die strukturelle Kohärenz der Lebensform gefährden würde. Bei anhaltend Gestressten, an ihrem Übergewicht Leidenden, bei Drogenabhängigen und generell bei Personen, die mit ihrem Leben nachhaltig unzufrieden sind, ist diese, die jeweils gewünschten Strukturen sprengende Nachgiebigkeit gegenüber augenblicklichen Neigungen und Wünschen allerdings ein endemisches Problem.

Der Grund für eine anhaltende Unzufriedenheit mit der eigenen Lebensform muss nicht in der Nachgiebigkeit gegenüber je aktuellen Neigungen und Wünschen bestehen, sondern kann auch durch die Nachgiebigkeit gegenüber je aktuell dominant erscheinenden guten Gründen verursacht sein, etwa der Pflichterfüllung im Beruf oder gegenüber Familienangehörigen, gegenüber Forderungen von Autoritätspersonen oder Kollegen. Dauerhafte Unzufriedenheit jedoch ist in der Regel Ausdruck einer tiefer gehenden Inkohärenz der Abwägungsprozesse, die die Einzelentscheidung steuern, mit den jeweils gewünschten umfassenden Strukturen der eigenen Lebensform. In diesen Fällen ist es angeraten, der Deliberation praktischer Gründe ein größeres Gewicht beizumessen und der Reflexion eine bedeutendere Rolle zur Steuerung eigenen Handelns einzuräumen. Je strukturell kohärenter die gewählte Lebensform ist, desto weniger aufwändig gestaltet sich in der Regel die Deliberation, außer man ist mit unvorhergesehenen und neuartigen Situationen konfrontiert. Dies erklärt die Attraktivität der meist aristotelisch inspirierten zeitgenössischen Tugendethik, die nicht die Einzelabwägung von Handlungen in den Mittelpunkt stellt, sondern die das Handeln steuernden charakterlichen Dispositionen, sprich *Tugenden*. Ein Teil dieser zeitgenössischen Tugendethik entfernt sich jedoch weit von der *phronesis*-Orientierung bei Aristoteles, die der vernünftigen Abwägung einen zentralen Stellenwert gibt.[33] Dass diese Fähigkeit zur *phronesis* als eine spezifische mentale Stärke das, was wir als *Freiheit* wahrnehmen, erst ermöglicht, wird schon in der *Nikomachischen Ethik* ausgeführt. Die Entgegenstellung von Tugenden einerseits und Freiheit der Wahl andererseits beruht auf einem gründlichen Missverständnis.

33 Vgl. Elif Özmen, *Moral, Rationalität und gelungenes Leben*, Paderborn 2004.

§ 4
Die Rolle des Wissens

Wenn diese Analyse zutrifft, dann ist Freiheit im Sinne von Ergebnisoffenheit der Deliberation, der Abwägung von Gründen, die durch die Entscheidung zum Abschluss gebracht wird, Bestandteil des Entscheidungsbegriffs. Dieser begriffliche Zusammenhang von *Freiheit* und *Entscheidung* ist natürlich kein Beweis für die Existenz von Freiheit im Sinne der Offenheit des Deliberationsergebnisses. Aber er hat eine einschneidende Konsequenz für Theorien, die diese Art Freiheit bestreiten. In einem berühmt gewordenen Vortrag hat der Physiker und Nobelpreisträger Max Planck im Jahre 1936 eine, schon in ihrer rhetorischen Gestalt, beeindruckende und zugleich paradigmatische Ausführung präsentiert. Da es keine Erkenntnisgrenzen für die Naturwissenschaft gebe und da die Möglichkeit naturwissenschaftlicher Erkenntnis von der universellen Geltung des Kausalprinzips abhänge, könne es letztlich auch keine Grenzen für die naturwissenschaftlich bestimmte Vorhersehbarkeit von Ereignissen geben. Menschliches Handeln sei grundsätzlich der naturwissenschaftlichen Erkenntnis in der gleichen Weise zugänglich wie jedes andere Ereignis der Natur. Wie kann nun aber »das in uns lebende Bewusstsein der Willensfreiheit, welches aufs engste gepaart ist mit dem Gefühl der Verantwortlichkeit für unser Tun und Lassen, in Einklang gebracht werden mit unserer Überzeugung von der kausalen Notwendigkeit alles Geschehens, die uns doch jeder Verantwortung zu entheben scheint« (272)?[34] Bemerkenswert an diesem Vortrag Plancks ist nicht nur, dass er das »universelle Kausalprinzip« erstaunlich traditionell interpre-

34 Max Planck, »Vom Wesen der Willensfreiheit«, in: Ders., *Vorträge und Erinnerungen*, Darmstadt 1975. Die Seitenangaben beziehen sich auf den Wiederabdruck dieses Textes in: *Seminar: Freies Handeln und Determinismus*, hrsg. und eingeleitet von U. Pothast, Frankfurt a. M. 1978.

tiert, obwohl er selbst doch mit seinen Forschungen wesentlich zur Entwicklung der modernen probabilistischen, d. h. durch quantenphysikalische Gesetzmäßigkeiten bestimmten Physik beigetragen hat, sondern auch, dass die Emphase auf Freiheit und Verantwortung sich ganz darauf stützt, dass das handelnde Subjekt über die Bestimmungsgründe seines Handelns eben nie vollständig informiert sein kann.

»Wenn es die Aufgabe der Wissenschaft ist, bei allem Geschehen in der Natur oder im menschlichen Leben nach gesetzlichen Zusammenhängen zu suchen, so ist, wie wohl jeder zugeben muß, eine unerlässliche Voraussetzung dabei, daß ein solcher gesetzlicher Zusammenhang wirklich besteht und daß er sich in deutliche Worte fassen lässt. In diesem Sinn sprechen wir auch von der Gültigkeit eines allgemeinen Kausalgesetzes und von der Determinierung sämtlicher Vorgänge in der natürlichen und in der geistigen Welt durch dieses Gesetz« (273). Ein Ereignis erfolgt nach Planck mit gesetzlicher Notwendigkeit, d. h., es ist kausal determiniert dann, wenn »die Möglichkeit besteht, das Eintreten des betreffenden Vorganges vorauszusehen. Es genügt uns hier allein die Feststellung, daß ein Vorgang, welcher mit Sicherheit vorausgesehen werden kann, irgendwie kausal determiniert ist, und umgekehrt, daß, wenn man von kausaler Gebundenheit eines Vorganges redet, dies immer zugleich auch in sich schließt, daß das Eintreten des Vorganges vorausgesehen werden kann« (274). Das Prinzip universaler Kausalität wäre aber durchbrochen, wenn nicht auch mentale Vorgänge und speziell unser Wille dem Kausalprinzip unterworfen wären. Wenn das Kausalprinzip universell gilt, dann müsse es grundsätzlich möglich sein, das Verhalten einer Person mit Zuverlässigkeit vorauszusagen. Dass diese Einbeziehung menschlicher Absichten, Abwägungen und Entscheidungen in den Anwendungsbereich des Kausalitätsprinzips durchaus nicht nur im Sinne einer fiktiven und nie erreichbaren wissenschaftlichen Analyse menschlichen Handelns gemeint ist, macht folgende Formulierung deutlich: »Aber nicht allein in der Wissenschaft, auch im praktischen Leben machen wir fortwährend von der Voraussetzung der Gültigkeit eines streng kausalen Determinismus Gebrauch. Denn im Verkehr mit unseren Mitmenschen richten wir unsere Handlungen immer danach ein, daß eine bestimmte Äußerung unsererseits eine bestimmte Wirkung auf ihre Willensrichtung ausüben soll« (276). Diese vielleicht auf den ersten Blick harmlose Illustration des Kausalitätsgesetzes auch in unserem lebensweltlichen Umgang miteinander enthält interessanterweise eine Beschreibung, die an der tatsächlichen Praxis alltäglicher Kommunikation und Interaktion vorbeigeht. Es ist gerade das Spezifikum des Umgangs von Personen miteinander, die sich wechselseitig für zurechnungsfähig und verantwortlich halten, dass sie nicht das tun, mit dem sie in möglichst effektiver Weise das Verhalten des anderen (kausal) beeinflussen, sondern Argumente vorbringen in der Hoffnung, dass diese Argumente überzeugen und damit für die andere Person Gründe liefern, sich entsprechend zu verhalten. In vielen Fällen verzichten wir bewusst auf Mittel, die – manipulativ – die andere Person dazu bringen würden, das Gewünschte zu tun, weil wir sie für voll nehmen, weil wir es für unangemessen halten, in dieser Weise mit ihr umzugehen. Das Instrumentalisierungsverbot von Immanuel Kant ist tief in unsere lebensweltliche normative Praxis eingebettet. Hier irrt Max Planck in ganz ähnlicher Weise wie Moritz Schlick.[35]

Nun aber kommt ein Gedanke ins Spiel, der dem traditionellen Verständnis von Kausalität zuwiderläuft und erkennbar von den quantenphysikalischen Forschungen Plancks inspiriert ist. Wenn unsere »Willenshandlung in der Zukunft liegt« (281), dann sei es mit der Passivität des

35 Vgl. Moritz Schlick, »Scheinproblem der Willensfreiheit«, in: Ders.: *Fragen der Ethik*, Wien 1930.

Beobachters vorbei, dann verschmelzen »erkennendes Ich« und »wollendes Ich« und »es kann keine Rede davon sein, daß der Beobachter sich jeder kausalen Einwirkung auf den Beobachteten enthält. Es ist eine gefährliche Selbsttäuschung, zu meinen, daß es möglich sei, seinen eigenen zukünftigen Willenshandlungen gegenüber die Rolle eines unbeteiligten, gewissermaßen von hoher Warte herabschauenden Beobachters zu spielen und sich auf sogenanntes reines Schauen zu beschränken. In dem Augenblick, wo wir bewußt eine Entscheidung treffen, sind die beiden Ich miteinander verschmolzen.« Fazit der weiteren Überlegungen ist, dass die Selbsterkenntnis dort eine prinzipielle Grenze habe, wo das an sich selbst Beobachtete wiederum Einfluss nimmt auf die weitere Entwicklung unserer Willensmotive. Planck führt den Gedanken in bemerkenswerter Konsequenz zu Ende: »Denn je genauere Einsicht wir in die kausale Bedingtheit unserer Willensmotive gewinnen, desto mehr schwindet das Gefühl der Verantwortung für die Folgen einer zu treffenden Willensentscheidung. Eine vollkommene Einsicht in die eigenen Willensmotive würde daher nach meiner Meinung die Freiheit des Willens geradezu aufheben. Wer alle seine Willensmotive nach Stärke und Richtung wirklich vollständig kennte, wäre der Mühe jeder weiteren Überlegung enthoben und würde die schließliche Entscheidung als notwendig empfinden« (282f.). Diese Schlussfolgerung aber scheint mir der zutreffende Hinweis darauf zu sein, dass die Vorstellung der vollständigen Determiniertheit der Welt einschließlich unserer Handlungen und ihrer kausalen Wirkungen in einem tiefgreifenden Konflikt zu unserem moralischen Selbstverständnis steht. Expliziter gemacht beinhaltet diese Schlussfolgerung nämlich die These, dass Freiheit und Verantwortung gebunden sind an epistemische Beschränktheit. Eine epistemisch vollkommene Welt, d. h. eine Welt, in der jedes Wissen zur Verfügung steht, kennt somit keine Entscheidungen mehr und lässt derart keinen Raum für unser Selbstbild als verantwortlich Handelnden. Zu dieser Schlussfolgerung wäre Max Planck nicht gezwungen, wenn er die Rolle der Erkenntnis für unsere Entscheidungen als eine grundsätzliche Grenze der Vorhersehbarkeit akzeptieren würde, so wie es in der Quantenphysik ja eine grundsätzliche Grenze der simultanen Bestimmung von Ort und Impuls eines Teilchens gibt.

Der Einfluss des Wissens auf unseren Hirnzustand und damit der Einfluss der Abwägung von Gründen auf unsere motivierenden Absichten, mithin die Erkenntnisabhängigkeit von Entscheidungen, zieht eine prinzipielle Grenze der Vorhersehbarkeit unseres Handelns. Es ist nicht einzusehen, warum der Handelnde nicht mindestens über die gleichen Kenntnisse, über den gleichen Umfang an Wissen verfügen können soll wie der Beobachtende. Man könnte sogar hinzusetzen, dass der Handelnde, da ihm das Erkenntnismittel der Introspektion (z.B. in eigene Motive) zur Verfügung steht, gegenüber dem Beobachter prinzipiell epistemisch privilegiert sei. Daher ist es wenig plausibel anzunehmen, dass dem Handelnden engere Grenzen, was die Vorhersehbarkeit seiner eigenen Entscheidungen angeht, auferlegt sind als dem Beobachter. Planck scheint nicht zu merken, dass die Argumente für die Grenzen der »Selbsterkenntnis« zugleich Argumente für die unhintergehbare Rolle der Abwägung von Gründen – theoretischen wie praktischen – für die Entscheidung beinhalten. Diese Grenzen sind nicht nur Grenzen der Selbsterkenntnis und damit Grenzen der Vorhersehbarkeit eigener Handlungen, sondern Grenzen, die der Vorhersehbarkeit menschlichen Handelns generell gezogen sind. In »Clouds and Clocks«[36] hat Karl Popper diese Thematik weit schlüssiger behandelt als Planck und viele

36 Karl Popper, »Of Clouds and Clocks«, in: Ders., *Objective Knowledge*, Oxford 1972; vgl. auch ders., *The Open Universe – An Argument for Indeterminism*, London 1982.

zeitgenössische philosophische und neurophysiologische Deterministen.

An dieser Stelle muss ein Argument eingeführt werden, das ein neues Licht auf die Dualität menschlichen Handelns zwischen Natur (als Verhalten) und Freiheit (als Realisierung der Entscheidungen des Subjektes) wirft.[37] Dieses Argument hat folgenden Kern: Nehmen wir an, dass jeder mentale Vorgang durch einen neurophysiologischen realisiert wird (vorsichtiger formuliert: einem neurophysiologischen entspricht). Auch die Abwägung von Gründen realisiert sich dann in einem neurophysiologischen Prozess. Akzeptierte Gründe entsprechen einem Merkmal des neurophysiologischen Zustandes. Auch Überzeugungen und Entscheidungen realisieren sich im Zustand des Gehirns. Eine deterministische Theorie, die sich auf die Zustände des Gehirns und die Umwelteinflüsse beschränkt, die auf dieses über unseren Wahrnehmungsapparat einwirken, hat daher eine kleine, aber für das Argument wesentliche Lücke: Es berücksichtigt nicht die neurophysiologischen Veränderungen der Abwägung theoretischer und praktischer Gründe, sofern diese selbstbezüglich sind.[38]

Es kann keine vollkommene Beschreibung eines zukünftigen Gehirnzustandes geben, die unabhängig davon ist, ob der Mensch, dessen Gehirn beschrieben wird, diese Beschreibung glaubt. Nehmen wir an, die Beschreibung trifft zu für den Fall, dass er diese Beschreibung nicht für wahr

37 Zu den älteren Versionen des Dualismus gehört etwa die Unterscheidung Kants zwischen phänomenalem und noumenalem Ich, aber auch die Unterscheidung zweier voneinander unabhängiger Sprachspiele in der *ordinary language philosophy*, vgl. etwa A. I. Melden, *Free Action*, London 1961. Die Plancksche Position ist eine Variante dieses Dualismus: »von außen objektiv betrachtet, ist der Wille kausal gebunden; von innen subjektiv betrachtet, ist der Wille frei« (284).

38 Dieses Argument wurde m. W. zum ersten Mal von D. M. MacKay in *Freedom of Action in a Mechanistic Universe*, Cambridge 1967, vorgebracht.

hält. Dann wäre diese Beschreibung unzutreffend, sobald er sie sich zu eigen macht. Nehmen wir jedoch an, dass die Beschreibung schon die Veränderungen vorwegnimmt, die eintreten würden, wenn die Person sich die Beschreibung zu eigen macht, dann wäre diese Beschreibung falsch, solange sich die Person die Beschreibung nicht zu eigen macht. Und sie bliebe falsch, wenn die Person, konfrontiert mit dieser Beschreibung, diese Beschreibung für falsch hielte – und dann natürlich zutreffenderweise für falsch hielte, weil die Beschreibung des Hirnzustandes ja berücksichtigt hat, dass die Person diese Beschreibung für zutreffend hält. Wenn die Person jedoch diese Beschreibung für unzutreffend hält, dann stellt sich nach unserer Voraussetzung ein anderer als der beschriebene Hirnzustand ein. Die Wahrheit der Beschreibung eines Hirnzustandes hängt also in diesem Fall davon ab, ob die Person, deren Hirnzustand beschrieben wird, an diese Beschreibung glaubt oder nicht. Wenn Personen miteinander in Austausch treten und Gründe abwägen, die sich auf den Verlauf der Welt und speziell die Entwicklung der Hirnzustände der Beteiligten beziehen, weitet sich dieser Bereich der Unbestimmtheit auf alle Beteiligten aus. Keiner der Beteiligten kann einen anderen Beteiligten als ein voll determiniertes System analysieren und entsprechende Voraussagen machen.

Das Argument macht implizit von zwei Beschreibungsebenen Gebrauch. Eine Beschreibungsebene ist strikt naturalistisch. Sie bezieht sich auf den naturwissenschaftlich vollständig beschreibbaren Hirnzustand der handelnden Person. Die zweite Beschreibungsebene beinhaltet Termini wie Wissen, Glauben, Entscheiden. Damit das Argument durchgeht, muss angenommen werden, dass sich jedes Element der zweiten, mentalen Beschreibungsebene durch ein Element der ersten, naturalistischen Beschreibungsebene realisiert. Erst daraus ergibt sich die Unbestimmtheit aus der Perspektive der handelnden und urteilenden sowie entscheidenden Person.

Genau besehen ergeben sich auf dieser Basis *zwei Formen epistemischer Paradoxie*. Die erste Form könnte man als *kontradiktorische* bezeichnen. Sie ist dadurch charakterisiert, dass unabhängig davon, ob ich eine bestimmte Proposition für wahr oder für falsch halte, ich in beiden Fällen irre. Dies widerspricht der klassischen Logik und ist ein charakteristisches Merkmal selbstbezüglicher Aussagen, beginnend beim Kreter, der sagt, dass alle Kreter lügen.[39] Wenn mein Hirnzustand zu einem bestimmten Zeitpunkt so beschrieben wird, dass die neurophysiologische Realisierung meiner Überzeugung, dass mein Hirn in gerade diesem beschriebenen Zustand ist, nicht in der Beschreibung enthalten ist, dann ist der Inhalt meiner Überzeugung, dass mein Hirnzustand dieser Beschreibung entspricht, falsch, weil diese Überzeugung meinen Hirnzustand verändert hat und er damit nicht mehr vollständig dieser Beschreibung entspricht. Ebenso ist jedoch auch meine Überzeugung, dass mein Hirnzustand dieser Beschreibung nicht entspricht, unzutreffend, weil, wenn ich diese Überzeugung habe, die Beschreibung gerade zutrifft.

Der tautologische Fall ergibt sich *mutatis mutandis*: Wenn der Zustand zum Zeitpunkt t so beschrieben ist, dass er meine Überzeugung, dass diese Beschreibung zutrifft, erfüllt (in dem beschriebenen Sinne), dann ist meine Überzeugung, dass mein Hirn zu t in diesem Zustand ist, wahr. Ebenso ist in diesem Falle meine Überzeugung, dass diese Beschreibung meines Hirnzustands zu t falsch ist, wahr, weil die Überzeugung der Falschheit der Beschreibung den Hirnzustand gegenüber der gegebenen Beschreibung modifiziert. Wenn wir die Beschreibung des Hirnzustands zum Zeitpunkt t in einer Proposition p zusammenfassen, dann ergibt sich im ersten kontradiktorischen Fall: »p ist falsch für X« und »non-p ist falsch für X«. Und im

39 Vgl. Elke Brendels Studie *Die Wahrheit über den Lügner*, Berlin 1992.

zweiten tautologischen Fall ergibt sich: »*p* ist wahr für *X*« und »non-*p* ist wahr für *X*«. *Dieses Argument markiert eine logische Grenze der naturalistischen Determination.* Diese Grenze gilt nur für die *selbstreferentielle Perspektive*.

§5
Entscheidung und Kausalität

An dieser Stelle möchte ich mich nicht gänzlich vor einer Frage drücken, die notorisch ungeklärt ist und hinsichtlich deren Beantwortung ich mir auch weit unsicherer bin als bei jeder anderen Frage, die wir bislang aufgeworfen haben: Wie verhält sich Freiheit zu Kausalität? Beziehungsweise wie lässt sich die – notwendig freie, wie wir gesehen haben – Entscheidung mit dem Anspruch umfassender kausaler Erklärbarkeit aller Ereignisse in Einklang bringen? Oder muss das »universelle Kausalprinzip«, von dem z. B. Max Planck sprach, bei diesem Typus von Ereignissen, nämlich menschlichem Handeln, aufgegeben werden? Stehen wir hier vor einer nicht mehr überschreitbaren Grenze kausaler Erklärbarkeit und damit vor einer Grenze wissenschaftlicher Analyse? Es wird uns erwartungsgemäß nicht gelingen, diese Frage befriedigend und abschließend zu beantworten. Sie vollständig auszuklammern, erschiene mir jedoch unredlich. Ich hoffe lediglich einige verbreitete Irrtümer und Konfusionen klären zu können, die die Debatte um diese Frage, die sowohl für unser Selbstbild als auch für das wissenschaftliche Weltbild fundamental ist, belasten.

Da diese Debatte meist fernab von wissenschaftstheoretischer Analytik stattfindet, ist es nicht verwunderlich, dass sie oft von grotesken Schieflagen geprägt ist. So kann z. B. keine Rede davon sein, dass es einen in den Naturwissenschaften weithin akzeptierten und in der Wissenschaftstheorie unumstrittenen Begriff der Kausalität gibt. Tatsächlich hat sich die analytische Wissenschaftstheorie zunächst vollständig vom Kausalitätsbegriff abgewandt, da sie ihn nicht nur für inexplikabel, sondern auch für entbehrlich hielt. Dies steht in einer Tradition, die mindestens bis David Hume zurückgeht, für die die Frage, ob es zwischen zwei Ereignissen eine kausale Beziehung gibt, empirisch nicht geklärt werden kann. Die verschiedenen, in der analytischen Wissenschaftstheorie entwickelten Modelle wissenschaftlicher Erklärung, darunter das bekannteste, das *covering law*-Modell von Hempel und Oppenheim, haben den Begriff der *kausalen* Erklärung daher sorgfältig vermieden. Die Erklärbarkeit eines empirisch zugänglichen Ereignisses ist gegeben, wenn es sich logisch-deduktiv aus den zum Zeitpunkt des Auftretens dieses Ereignisses bestehenden sogenannten Antecedens-Bedingungen zusammen mit den angenommenen wissenschaftlichen Gesetzen ableiten lässt. Auch wenn sich herausstellte, dass dieses H-O-Schema eine Explikation von wissenschaftlicher Erklärung darstellt, die insofern zu schwach ist, als sie auch Pseudo-Erklärungen einschließt, und insofern zu stark ist, als sie manche wissenschaftliche Erklärungen, die in der naturwissenschaftlichen Praxis akzeptiert sind, nicht erfasst, so ist es doch als Paradigma wissenschaftlicher Erklärung unumstritten geblieben. Das Schema lässt sich auf probabilistische Erklärungen, d. h. auf Erklärung nur wahrscheinlicher Ereignisse, mit einigen Modifikationen ausweiten.[40]

Der wissenschaftliche Erklärungsbegriff ist also weder an Determinismus noch an Kausalität gebunden. Da der Verzicht auf die Spezifizierung einer kausalen Erklärung jedoch mit der Praxis und dem Selbstverständnis naturwissenschaftlicher Forschung schwer zu vereinbaren war,

40 Einen guten Überblick vermittelt Wolfgang Stegmüller, *Probleme und Resultate der Wissenschaftstheorie und Analytischen Philosophie*, Bd. 1: *Erklärung, Begründung, Kausalität*, New York 1983.

kam es im letzten Drittel des 20. Jahrhunderts zu einer Rehabilitierung des Kausalitätsbegriffes. Die seitdem entwickelten modernen Kausalitätstheorien knüpfen unmittelbar an den Begriff der wissenschaftlichen Erklärung an und beziehen probabilistische Fälle meist von vornherein mit ein.[41] Jedoch kann auch heute nicht davon gesprochen werden, dass der Kausalitätsbegriff durch diese Analysen geklärt wäre. Hartnäckig hält sich in der Wissenschaftstheorie eine Humesche Position, die Kausalität nicht in der Realität, sondern in den mentalen Dispositionen des beobachtenden Menschen verortet. Georg Henrik von Wright[42] hat dieses Humesche Verständnis von Kausalität besonders eindringlich dargestellt. Demnach ist es unsere tägliche Erfahrung des Einwirkens durch Entscheidungen auf die Welt, die auf die wissenschaftliche Erklärung übertragen oder man kann auch sagen: in die Gegenstände der wissenschaftlichen Analyse hineinprojiziert werden. Wie wir mit unserem Handeln auf die Welt einwirken, so wirken natürliche Ereignisse kausal auf andere natürliche Ereignisse. Diese »kausale« Wirkung beruht jedoch nicht auf einem empirischen Befund, sondern interpretiert bestimmte Regularitäten der Natur.

Vor dem Hintergrund dieser Diskussionslage scheint mir die ängstliche Reaktion des humanistischen Lagers in der Freiheitsdebatte auf die wissenschaftlichen Ansprüche kausaler Erklärung ganz unberechtigt zu sein. Es gibt faszinierend erfolgreiche wissenschaftliche Theorien, nicht nur in der Physik, sondern auch in der Biologie und der Neurophysiologie, denen es gelingt, eine Vielzahl unterschiedlicher Typen von Ereignissen systematisch zu erfassen. Inwiefern dabei Kausalität im Spiel ist, ist eine schwierige und innerhalb der naturwissenschaftlichen Analyse selbst nicht beantwortbare Frage. Der Übergang von der wissenschaftlichen Erklärung einzelner Ereignis-

41 Vgl. Patrick Suppes, *Probabilistic Metaphysics,* New York 1984, Kap. 3.
42 Georg Henrik von Wright, *Causality and Determinism*, Columbia 1974.

se und Phänomene zu Verlaufsgesetzen in der Natur, d. h. zu zeitlichen Abfolgen über längere Fristen hinweg, gelingt, jedenfalls wenn sich diese Verlaufsgesetze auf komplexere Systeme beziehen, schon in der klassischen Physik nicht.[43]

A fortiori gilt das für die moderne irreduzibel probabilistische Physik oder gar für die Biologie und Neurophysiologie, die es mit weit komplexeren Systemen zu tun haben. Wer behauptet, dass die Annahme der Freiheit von Entscheidungen sich erst dann in ein wissenschaftliches Weltbild integrieren lasse, wenn gezeigt ist, dass diese Form der Freiheit mit streng deterministischen Verlaufsgesetzen vereinbar ist, schätzt die wissenschaftliche Lage falsch ein. Streng deterministische Verlaufsgesetze sind für die moderne Wissenschaft untypisch. Diese können eher als metaphysische Postulate gelten, wie sie in der Antike von einem Teil der Stoa und in der Neuzeit z. B. von Leibniz vertreten wurden. Mit der Praxis der Naturwissenschaft hat dieses ›wissenschaftliche‹ Weltbild wenig zu tun. Dass auch führende Naturwissenschaftler an diesem Weltbild malen, ist kein Gegenargument, da es ein oft zu beobachtendes Phänomen ist, dass bedeutende Vertreter einzelner Naturwissenschaften sich in philosophischen Fragen (und dazu gehört auch die Philosophie ihres eigenen Faches) rasch verirren, wenn sie ihr angestammtes Metier verlassen.[44] Die Debatte um die Vereinbarkeit von Determinismus und Freiheit sollte man daher eher als Beitrag zur philosophischen Begriffsklärung verstehen denn als Beitrag zu der Frage, ob die moderne

43 Karl Popper, »Of Clouds and Clocks«, in: Ders., *Objective Knowledge*, Oxford 1972.

44 Thomas Kuhn meint, dass manche charakteristische wissenschaftstheoretische Irrtümer auf den Einfluss von Vorworten und Einführungen naturwissenschaftlicher Lehrbücher und Enzyklopädien zurückzuführen seien, in denen oft bedeutende Naturforscher ein philosophisch voreingenommenes Bild ihrer eigenen wissenschaftlichen Praxis zeichnen. Vgl. Thomas S. Kuhn, *The Structure of Scientific Revolutions*, Chicago ²1970.

Wissenschaft mit der Annahme freien Handelns kompatibel sei.[45]

Damit die Frage eine echte philosophische Relevanz erhält, muss sie daher anders gestellt werden. Es geht nicht um die Vereinbarkeit deterministischer Verlaufsgesetze und menschlicher Freiheit, schon deswegen nicht, weil die Existenz deterministischer Verlaufsgesetze für komplexe Systeme höchst unwahrscheinlich ist. Vielmehr muss die Frage lauten, ob *naturalistische Bestimmtheit* mit der Freiheit menschlicher Entscheidung vereinbar ist. Ich verstehe dabei »naturalistische Bestimmtheit« nicht im Sinne deterministischer Verlaufsgesetze, sondern im Sinne der vollständigen Erklärbarkeit von Ereignissen durch naturwissenschaftliche Theorien. Wenn die Frage so gestellt wird, scheint für manche die Niederlage der humanistischen Position schon festzustehen. Denn will man ernsthaft behaupten, dass die Freiheit menschlicher Entscheidung den Bereich dessen, was naturwissenschaftlich erklärbar ist, beschränkt; will man wirklich diesen Salto mortale rückwärts in den Deutschen Idealismus? Wenn denn die Niederlage vorprogrammiert sein sollte, dann wollen wir ihr dennoch mutig entgegentreten.

Zunächst kann gar kein Zweifel bestehen, dass wir, wenn ein Verhalten ohne Rekurs auf Absichten erklärt werden kann, dieses als Indiz dafür nehmen, dass es nicht auf freien Entscheidungen beruhte. Es war dann eben nicht der Handelnde, der dieses Verhalten kontrollierte, sondern naturwissenschaftliche Ereignisse bestimmten dieses Verhalten. Und wenn das Verhalten ohne Rest durch naturwissenschaftliche oder naturwissenschaftlich beschreibbare Ereignisse, die der Kontrolle des Handelnden entzogen waren, bestimmt wurde, so liegt auf der Hand, dass die Entscheidung des Handelnden dabei keine Rolle spielte. Wenn die

45 Zu dieser Übung in philosophischer Begriffsklärung hat Peter van Inwaagen einen herausragenden klaren, wenn auch umstrittenen Beitrag geleistet. Vgl. Peter van Inwaagen, *An Essay on Free Will*, Oxford 1983.

Erklärung des Verhaltens vollständig ist, ohne auf die Absichten der Person Bezug zu nehmen, dann spielen die Absichten keine erklärende Rolle für das Verhalten.

Diese Sichtweise scheint auf eine scharfe Dichotomie zweier Erklärungstypen zuzulaufen. Wenn ein Verhalten nur intentional erklärt werden kann, d. h. die Absichten der handelnden Person eine für die Erklärung unverzichtbare Rolle spielen, dann kann es keine vollständige naturwissenschaftliche Erklärung geben. Diese Dichotomie lässt sich zuspitzen, indem man auf die von Roderick Chisholm revitalisierte Unterscheidung zwischen transeunten und immanenten Ursachen zurückgreift. Transeunte Ursachen markieren den naturwissenschaftlichen Erklärungstypus (Chisholm spricht hier von Ereignis-Kausalität) und immanente den Erklärungstypus freier Entscheidungen, die durch die handelnde Person selbst bestimmt, bzw. bei Chisholm kausal verursacht sind.[46] Eine solche scharfe Dichotomie scheint mir jedoch eine unnötige Dramatisierung zu beinhalten, da die für freie Entscheidungen notwendige *naturalistische* Unterbestimmtheit vermutlich auf Dauer, d. h. auch für eine Wissenschaft der fernen Zukunft, *epistemisch unauffällig* ist.

Was unter epistemischer Unauffälligkeit zu verstehen ist, sei anhand des gleichen Beispiels erläutert, das ich schon in *Strukturelle Rationalität*[47] verwendet habe. Stellen wir uns vor, dass zwei perfekte, nicht elastische Kugeln aufeinander zu liegen kommen und zwar so, dass die Schwerpunkte sich im Rahmen der Messgenauigkeit senkrecht übereinander befinden, d. h., die beiden Kugelschwerpunkte und der Schwerpunkt der Erde befinden

46 Roderick M. Chisholm, »Agents, Causes and Events«, in: Ders., *Agents, Causes and Events: Essays on Free Will and Indeterminism*, Oxford 1995, und Timothy O'Connor, *Persons and Causes. The Metaphysics of Free Will*, New York 2000.

47 Vgl. Julian Nida-Rümelin, *Strukturelle Rationalität. Ein philosophischer Essay über praktische Vernunft*, Stuttgart 2001, Kap. 2.

sich auf einer geraden Linie. Die Kugeln können aufeinander liegen bleiben oder die vom Erdmittelpunkt weiter entfernte kann in Richtung Erdmittelpunkt abrollen in einem beliebigen Winkel zwischen 0 und 360 Grad. Keines dieser Ereignisse oder dieser Prozesse wäre mit der beschriebenen Ausgangssituation unvereinbar. Jedes dieser Ereignisse bzw. die jeweiligen Charakteristika dieser alternativen Möglichkeiten, wie Geschwindigkeit im Zeitverlauf des Abrollens, kinetische Energie zum Zeitpunkt des Auftreffens auf der Erdoberfläche usw., ließen sich auf Grund der beschriebenen Ausgangssituation physikalisch, also naturwissenschaftlich, erklären. Unerklärt bliebe, in welchem Winkel das Abrollen erfolgt oder warum die Kugel liegen bleibt und nicht abrollt. Was immer geschieht, es wäre keine Herausforderung der klassischen Physik: Keines der Gesetze der klassischen Physik wäre durch irgendeines dieser *unendlich vielen* möglichen und mit der Ausgangssituation *kompatiblen* Ereignisse verletzt. Stellen wir uns nun weiter vor, dass es einen unbemerkten Eingriff gab, der bestimmte, ob die Kugel liegen bleibt oder ob sie abrollt, und wenn sie abrollt, in welchem Winkel sie abrollt. Dieser Eingriff bliebe *unauffällig* aus der Sicht der klassischen Physik. Es würde mit einem solchen Eingriff kein einziges physikalisches Gesetz verletzt. Dieser Eingriff wäre epistemisch, gegeben den Wissensstand der Physik, *unauffällig*.

Singularitäten dieser beschriebenen Art (die beiden Kugeln übereinander) scheinen eher selten zu sein. Aber angesichts der unvorstellbaren Vielfalt von physikalischen Teilchen und der auf diese einwirkenden Kräfte und speziell der Komplexität des neurophysiologischen Systems des menschlichen Gehirns ist die Vermutung begründet, dass Singularitäten dieser Art, die eine naturalistische Unterbestimmtheit beinhalten, in ebenfalls unvorstellbar großer Zahl auftreten. Obwohl es verführerisch ist, will ich an dieser Stelle darauf verzichten, die Quantenphysik oder die Chaostheorie zur Verstärkung des Arguments epistemischer Unauffälligkeit einzuführen. Angesichts des tatsächlichen Standes der Naturwissenschaft scheint es mir ganz unerheblich zu sein, ob der quantenphysikalische Probabilismus neurophysiologisch durchschlägt oder nicht.[48] Relevanter ist da für unser Argument schon die »chaotische« Verstärkung minimaler, d. h. unterhalb der Schwelle der Messgenauigkeit liegender Veränderungen der Ausgangsbedingungen. Stattdessen möchte ich eine zweite eher lebensweltliche Illustration epistemischer Unauffälligkeit geben.[49]

Stellen Sie sich vor, Sie sind zu Hause als Heimwerker tätig. Ein Physiker beobachtet Sie und registriert alle Vorgänge auf das genaueste. Ihm stehen alle Analyse-Instrumentarien der klassischen Physik zur Verfügung. Er wird jede beschleunigte Bewegung auf Grund einwirkender Kräfte erklären können. Auch bei fortwährender Verfeinerung der physikalischen Analyse, die rasch an die Grenzen auch großer Rechner gehen wird, ist nicht anzunehmen, dass irgendein Ereignis während Ihrer Heimwerkerei sich einer befriedigenden Erklärung im Rahmen klassischer Physik verweigern wird. Dass bei Ihrer Heimwerkerei ein biologischer Körper, nämlich der Ihre, und die mit den Möglichkeiten der klassischen Physik nicht zu berücksich-

48 Robert Kane hat eine detaillierte Argumentation für eine quantenphysikalische Erklärung des freien Willens in *The Significance of Free Will*, Oxford 1996, entwickelt; vgl. dazu auch ders., »Responsibility, Luck and Chance: Reflections on Free Will and Indeterminism«, *Journal of Philosophy* 96 (1999), S. 217–240.

49 Der Neurophysiologe und Nobelpreisträger John Eccles hat in *How the Self Controls its Brain*, Berlin 1994, eine Theorie entwickelt, die man als eine Illustration dieser These der epistemischen Unauffälligkeit lesen kann. Vgl. auch die interessante Verbindung von quantenphysikalischen und chaostheoretischen Betrachtungen bei Henry Stapp, *Mind, Meta and Quanta Mechanics*, New York 1993, bes. Kap. 6. Weitere wichtige Beiträge sowohl von Stapp wie von anderen enthält der Sammelband *The Volitional Brain: Toward a Neuroscience of Free Will*, hrsg. von B. Libet [u. a.], Thorverten (UK) 1999.

tigenden biologischen Gesetzmäßigkeiten eine nicht unwesentliche Rolle spielen, fällt in der physikalischen Beschreibung des Prozesses gar nicht auf. *A fortiori* gilt das für die neurophysiologische Dimension, also für die Rolle Ihres Gehirns und schließlich für die, wie wir annehmen wollen, rationalen Absichten, die Ihre Heimwerkerei steuern. Diese »höheren« Ebenen der biologischen, neurophysiologischen oder intentionalen Erklärung bleiben auf der physikalischen Beschreibungsebene *unauffällig*. Dass sich daraus keine Reduzierbarkeit der biologischen auf die physikalische, der neurophysiologischen auf die biologische, der intentionalen auf die neurophysiologische ableiten lässt, liegt auf der Hand.

Bei dieser Frage geht es wohlgemerkt nicht um die Alternative *Determinismus oder Indeterminismus*, sondern um die Frage, ob unsere Entscheidungen *vollständig naturalistisch bestimmt* sind. Auch eine vollständige probabilistische und naturalistische Bestimmung unseres Handelns – und damit eine vollständige naturalistische Erklärbarkeit – würde ausreichen, um genuine Entscheidungen, die, wie wir gesehen haben, notwendig frei sind, auszuschließen. Das, was uns als eine Entscheidung gilt, wäre dann in Wirklichkeit keine Entscheidung. Es geht nicht um die Alternative *Determinismus* oder *Probabilismus*, sondern um die Alternative *Naturalismus* oder *Humanismus*. Naturalismus ist die Position, dass unsere Entscheidungen und damit unsere Handlungen vollständig naturalistisch erklärt werden können. (Theoretischer) *Humanismus* ist die Position, dass dies nicht der Fall ist, dass unsere Entscheidungen *naturalistisch unterbestimmt* sind. Man kann, da unsere Entscheidungen auf der Abwägung von Gründen beruhen, dies auch so formulieren, dass unsere *Handlungsgründe naturalistisch unterbestimmt* sind. Das, was unser Handeln in letzter Instanz leitet, ist nicht schon durch Ereignisse, Prozesse, Zustände und Gesetze ohne Rest festgelegt, die naturwissenschaftlich beschreibbar und formulierbar sind.

Die naturalistische Unterbestimmtheit von Handlungsgründen erschüttert jedoch wegen des beschriebenen Phänomens epistemischer Unauffälligkeit unser wissenschaftliches Weltbild nur in Maßen. Der für unser Selbstverständnis so zentrale theoretische Humanismus, also die Überzeugung, dass Gründe naturalistisch nicht reduzierbar sind bzw. dass wir als Handelnde eine Rolle spielen, ist in der Tat mit einem konsequenten Naturalismus unvereinbar. Die humanistische Prägung unseres Selbstbildes als Basis unserer lebensweltlichen Verständigung und Voraussetzung jeder normativen Kritik verlangt jedoch nach allem, was wir heute wissen, *keine Revision naturwissenschaftlicher Theorie*. Das beschriebene Phänomen der epistemischen Unauffälligkeit mag erklären, warum die materielle Basis der Freiheit sich in den bisherigen naturwissenschaftlichen Theorien nicht niederschlägt. Wer dagegen behauptet, dass dieses unaufgebbare humanistische Element unserer lebensweltlichen Praxis und unseres Menschenbildes durch die naturwissenschaftliche einschließlich der aktuellen neurophysiologischen Forschung, widerlegt sei, der trägt die Beweislast. Ich kann, abgesehen von einer aus der Geschichte der Naturwissenschaften vertrauten metaphysischen Hypostasierung unvollständiger empirischer Theorien, kein rationales Argument dafür erkennen.

III

Warum es keine Verantwortung ohne Freiheit gibt

Es geht in diesem Essay um die Frage, ob es Verantwortung ohne Freiheit geben kann. In der Debatte um Willensfreiheit hat sich seit einiger Zeit eine Strömung etabliert, die als »Semi-Kompatibilismus« bezeichnet wird. Semi-Kompatibilisten behaupten, dass Menschen für das, was sie tun, *verantwortlich* sein können, ohne dass sie in dem Sinne *frei* in ihrer Entscheidung wären, dass sie auch anders hätten handeln können. Die semi-kompatibilistische These lautet in Kurzfassung: *Es gibt Verantwortung ohne Freiheit.* Freiheit und Verantwortung wären demnach nicht in der engen Weise begrifflich, normativ und empirisch miteinander verknüpft, wie wir in den ersten beiden Essays angenommen haben. Demgegenüber bekräftige ich hier die These, dass es Verantwortung ohne Freiheit im Sinne der Existenz *alternativer Möglichkeiten* nicht gibt bzw. dass der Semi-Kompatibilismus irrt. Natürlich kann es hier, wie bei den meisten philosophischen Problemen, keine strenge Beweisführung geben. Umso wichtiger ist es, die Argumentation dadurch abzustützen, dass der weitere philosophische Zusammenhang, in dem der Semi-Kompatibilismus steht, in die Kritik einbezogen wird, und daher müssen wir besonders auf die Position Harry Frankfurts eingehen, da sie das Fundament des Semi-Kompatibilismus bis in die jüngsten Beiträge hinein bereitstellt.[50] Im ersten Abschnitt dieses Essays werde ich zeigen, dass Frankfurts Rationalitätstheorie nicht haltbar ist (§ 1), dann, dass Gründe, nicht Wünsche das Wesentli-

50 Auch die Beispiele, die in dieser Debatte herangezogen werden, stimmen vom Typus her mit älteren Beispielen Harry Frankfurts überein und werden dementsprechend *Frankfurt-Type-Examples* genannt, vgl. Robert Kane (Hrsg.), *The Oxford Handbook of Free Will*, Oxford 2002, Tl. 5.

che einer Person ausmachen (§ 2) und schließlich, dass es Verantwortung ohne alternative Möglichkeiten nicht geben kann (§ 3).

§ 1
Die Irrationalität des *Wanton*

Die Frankfurtsche Perspektive ist für uns auch deswegen wichtig, weil sie bildlich gesprochen nur knapp daneben zielt. Dies wird besonders deutlich in einem berühmt gewordenen Aufsatz Frankfurts, den er 1971 im *Journal of Philosophy* publizierte: »Freedom of the Will and the Concept of a Person« (Freiheit des Willens und der Begriff der Person), und auf den wir uns im Folgenden beziehen. Dieser Aufsatz hat der Diskussion um Willensfreiheit eine neue Richtung gegeben und ist in seinem Einfluss vermutlich nur mit George Edward Moores *Conditional Analysis* vergleichbar. Seine Thesen prägen alle weiteren philosophischen Beiträge Frankfurts bis in die jüngste Zeit.[51] Dieser Aufsatz und alle weiteren, die darauf folgen, stellen zweifellos einen wesentlichen Erkenntnisfortschritt dar, auf der anderen Seite sind es gerade die Aporien der Frankfurtschen Analyse, die den Weg bereiten können für eine Sichtweise, die praktischen Gründen jene zentrale Rolle für die Willensfreiheitsproblematik zugesteht, die sie verdienen.

Die zentrale These von Frankfurt, mit der er sich vor allem gegen Strawson wendet, ist, dass Menschen, d. h. ge-

51 Vgl. Frankfurts »Alternate Possibilities and Moral Responsibility«, in: *Journal of Philosophy* 66 (1969); *The Importance of What We Care about*, New York 1988, und *Necessity, Volition and Love,* Cambridge 1999. Vgl. auch *Autonomes Handeln*, hrsg. von M. Betzler und B. Guckes, Berlin 2000, sowie Harry G. Frankfurt, *Freiheit und Selbstbestimmung*, Berlin 2001, eine Zusammenstellung der wichtigsten Beiträge Frankfurts zu Willensfreiheit und Autonomie, in deutscher Übersetzung, kommentiert von den Herausgeberinnen Betzler und Guckes.

nauer: menschliche Personen, nicht das Spezifikum aufweisen, Entitäten zu sein, denen man zwei Arten von Prädikaten zuschreiben kann, nämlich solche, die körperliche Eigenschaften, und solche, die mentale Eigenschaften benennen, sondern dass es das Charakteristikum von Personen sei, dass sie *Wünsche zweiter Ordnung* ausbilden können. Kein anderes Lebewesen außer dem Menschen habe die Fähigkeit zur reflektiven Selbstbewertung, die sich in der Ausbildung von Wünschen zweiter Ordnung manifestiere.

Freiheit des Handelns ist bei Frankfurt durch die Fähigkeit, das zu tun, was man tun will, charakterisiert. Von dieser *Handlungsfreiheit* zu unterscheiden ist die *Willensfreiheit*, die nicht darin besteht, das zu tun, was man will (oder das tun zu können, was man will), sondern darin, die Fähigkeit zu haben, das zu wünschen, was man wünschen will. Einem höher entwickelten Säugetier kann in diesem Sinne Handlungsfreiheit zugeschrieben werden, wenn es fähig ist, das zu tun, was es zu tun wünscht. Voraussetzung für diese Zuschreibung ist natürlich, dass man dem betreffenden Tier so etwas wie Wünsche, oder genauer: Volitionen erster Ordnung, zuschreiben kann. Vermutlich haben Tiere jedoch nicht die Fähigkeit, Wünsche zweiter Ordnung auszubilden. Sie wünschen sich nicht, etwas zu wünschen. Diese Fähigkeit ist dem Menschen, genauer: Personen, vorbehalten, daher ist Willensfreiheit im Frankfurtschen Sinne menschlichen Personen vorbehalten.

Es macht einen Unterschied, ob ich schlicht wünsche, etwas zu wünschen, oder ob ich wünsche, dass ein Wunsch mein Handeln leitet. Nur der letztere Typ von Wünschen zweiter Ordnung ist das definitorische Merkmal von Personen (Frankfurt nennt diese Art von Wünschen zweiter Ordnung *volitions*). Wesen ohne Volitionen sind keine Personen, sondern lediglich *Wantons*, wie Frankfurt das nennt. Die wesentliche Eigenschaft des *Wanton* ist, dass er sich nicht um seinen Willen kümmert. Seine Wünsche bewegen ihn, bestimmte Dinge zu tun, ohne dass er wünscht, durch diese Wünsche bewegt zu werden, noch dass er es vorziehen würde, durch andere Wünsche bewegt zu werden. Und nun kommt eine für meine Kritik entscheidende Behauptung: Wesen, die lediglich über Wünsche erster Ordnung verfügen, können, so meint Frankfurt, in hohem Maße rational sein. Ja noch mehr: Der Begriff des *Wanton* impliziere nicht, dass er keine Vernunft hätte oder dass er nicht in der Lage wäre, darüber nachzudenken, was er tun müsse, um seinen Wünschen gerecht zu werden. Der entscheidende Unterschied zwischen einem rationalen *Wanton* und anderen rationalen Akteuren sei, dass der *Wanton* sich keine Gedanken um die Wünschbarkeit seiner Wünsche selbst macht.

Frankfurt ist hier in der richtigen Spur: Die voll entwickelte Rationalität von Personen führt – im Gegensatz zu der begrenzten Rationalität von *Wantons* – eine Distanzierung von den eigenen Wünschen erster Ordnung mit sich. Diese Distanzierung äußert sich darin, dass sie zu ihren eigenen Wünschen Stellung nehmen kann. Sie ist nicht lediglich Erfüllungsgehilfe der je auftauchenden Wünsche, sondern kommt denjenigen Wünschen nach, die sie befürwortet, von denen sie m. a. W. annimmt, dass gute Gründe für ihre Erfüllung sprechen. Diese Distanzierung kann zur Folge haben, dass sich die rationale Person aus guten Gründen wünscht, dass andere Wünsche als die, die sie hat, ihr Handeln bestimmten: Sie entwickelt Volitionen zweiter Ordnung. Es ist hier hilfreich, Frankfurts Begrifflichkeit zu präzisieren: Volitionen erster Ordnung sind Wünsche, zu deren Erfüllungsbedingungen eigenes Handeln gehört. Volitionen zweiter Ordnung richten sich also auf Volitionen erster Ordnung. Es gibt keine Volition n-ter Ordnung, die sich auf Wünsche n-1-ter Ordnung bezieht, die nicht wiederum Volitionen sind. Volitionen sind Wünsche besonderer Art. Höherstufige Volitionen sind höherstufige Wünsche. Aber Volitionen höherer Stufe beziehen sich nie auf Wünsche niedrigerer Stufe, die keine Volitionen sind. Eine Kette gestufter Volitionen endet immer bei Handlungen, oder genauer: bei Handlungstypen. Diese Einschränkung ist von großer Tragweite, wie wir noch sehen werden.

Der *Wanton* dagegen wählt seine Handlungen jeweils so, dass sie seinen stärksten Neigungen folgen, aber es kümmert ihn nicht, welche seiner Neigungen jeweils die stärksten sind. Wie kann man sich das vorstellen? Über welche Art Rationalität verfügt der *Wanton*? Der *Wanton* hat Volitionen erster Ordnung, aber keine Volitionen zweiter Ordnung. Seine Wünsche sind dem *Wanton* schlicht vorgegeben. Seine Rationalität muss sich darauf beschränken, diejenige Handlung auszuwählen, die ein Höchstmaß seiner Wünsche erfüllt. Nehmen wir einmal an, der *Wanton* ist in dichter Folge mit Situationen konfrontiert, in denen er jeweils einen von zwei sehr starken Wünschen frustrieren muss. Dem *Wanton* fällt auf, dass andere Personen dieses Problem nicht haben. Er hat den starken Wunsch, schon bald nach dem Verglimmen der letzten sich eine neue Zigarette anzuzünden, und zugleich den starken Wunsch, den nächsten Berlin-Marathon zu laufen. Da es sich um einen *Wanton* handelt, ist er (aus begrifflichen Gründen) nicht imstande, den Wunsch auszubilden, dass sein Handeln in Zukunft nicht von diesen beiden starken Wünschen (zu rauchen und den nächsten Berlin-Marathon zu laufen) zugleich bestimmt ist. Die *rationalen Fähigkeiten höherer Ordnung*, über die ein *Wanton* verfügen kann, scheinen doch sehr beschränkt zu sein.

Auch die minimalste Konzeption praktischer Rationalität kommt nicht ohne das Abwägen unterschiedlicher Handlungsoptionen aus. Anders formuliert: Ein Wesen, das nicht imstande ist, unterschiedliche Handlungsoptionen abzuwägen, kann nicht als rational bezeichnet werden. Was heißt es, Handlungsoptionen gegeneinander abzuwägen? Um abwägen zu können, müssen die unterschiedlichen Handlungsoptionen bewusst sein, d. h. genauer, das Wesen muss glauben, es habe unterschiedliche Handlungsoptionen. Aber was ist die Abwägung selbst? Die natürlichste Antwort lautet: Nun, es werden Gründe gegeneinander abgewogen. Ein guter Grund, etwas zu tun, ist, dass ich dadurch einen bestehenden Wunsch befriedigen kann. Wenn ich mehrere Wünsche habe und mehrere Handlungsoptionen, die unterschiedliche dieser Wünsche befriedigen, dann muss ich abwägen, welche dieser Befriedigungen höherrangig oder wertvoller ist. Ich bewerte dann diese unterschiedlichen Wünsche. Ich gebe ihnen ein Gewicht. Gründe abwägen ist mit dem, was gegenwärtig unter dem Stichwort *Valuing* eine Renaissance in der zeitgenössischen Philosophie erlebt, unauflöslich verbunden. Dieser Prozess des Bewertens eigener Wünsche setzt die Fähigkeit zu einer spezifischen Haltung (*attitude*) voraus, die ich mangels einer besseren Alternative als »reflexive Haltung« und, soweit es sich um die eigenen Wünsche handelt, als »selbst-reflexive Haltung« bezeichnen möchte. Die praktische Abwägung ist ohne eine selbst-reflexive Haltung nicht vorstellbar. Ich möchte es offen lassen, inwieweit die Verbindung eine begriffliche und/oder eine nomologische ist.

Ein *Wanton*, der jeweils nur seinen Wünschen erster Ordnung folgt, die im Augenblick seiner Handlung dominieren, wird sein Leben nicht gut organisieren können. Sehr häufig wird er schon in kurzer Frist bereuen, dass er diesem Wunsch so unbesehen (ohne hinreichende Abwägung) gefolgt ist, da er die Erfüllung anderer Wünsche, die zu einem späteren Zeitpunkt auftreten, verhindert. Ein Wesen, das zu Abwägungen dieser Art grundsätzlich nicht imstande ist, als in hohem Maße rational zu bezeichnen, führt in die Irre. Der Rationalitätsbegriff, der hier zugrunde gelegt werden müsste, lässt sich nicht einsichtig machen. Jedenfalls hätte er mit dem, was lebensweltlich mit

Begriffen wie *rational* bzw. *irrational*, *vernünftig* bzw. *unvernünftig* bezeichnet wird, nicht viel zu tun.

Die Begrifflichkeit Frankfurts steht gewissermaßen auf dem Kopf und muss auf die Füße gestellt werden: Es ist nicht die Existenz von *Wünschen* einer bestimmten Sorte, nämlich Volitionen zweiter Ordnung, die das Person-Sein ausmacht, sondern es ist die Fähigkeit, Gründe abzuwägen, die *Wünsche zweiter Ordnung* hervorbringt. Nur bei dieser Uminterpretation verliert die Frankfurtsche Begrifflichkeit ihren Postulatscharakter. Warum, so wäre zu fragen, wird das Person-Sein mit einer spezifischen Eigenschaft, nämlich Volitionen zweiter Ordnung zu haben, identifiziert? Frankfurt gibt übrigens selbst den entscheidenden Hinweis, warum seine Begrifflichkeit auf dem Kopf steht: »The essence of being a person lies not in reason but in will« (Das, was es eigentlich ausmacht, eine Person zu sein, liegt nicht in der Vernunft, sondern im Wollen.) Gibt es für dieses Postulat irgendein gutes Argument? Oder ist es nicht eher so, dass hier mit einer gewissen Krampfhaftigkeit versucht wird, das Humesche Dogma der Machtlosigkeit der Vernunft in praktischen Fragen (der Verstand ist lediglich Sklave der Leidenschaften) aufrechtzuerhalten, mit dem Unterschied, dass wir heute in einem moderateren Zeitalter leben und daher nicht mehr von *Leidenschaften*, sondern nur noch von *Wünschen* die Rede ist?

Die Einführung von Volitionen zweiter Ordnung führt auf die richtige Spur, aber die dogmatische Verhaftung Frankfurts in der Humeschen Tradition erlaubt ihm nicht, diese Spur konsequent weiterzuverfolgen. Ich will es in den folgenden Paragraphen dieses Essays wenigstens ein Stückweit versuchen. Dem möchte ich jedoch eine Bemerkung zum Wunschbegriff vorausschicken, da die verbreitete, nicht weiter differenzierende Redeweise von *desires*, bzw. *Wünschen*, eine Quelle zahlreicher philosophischer Konfusionen, insbesondere in der praktischen Philosophie analytischer Prägung, ist. Wir müssen uns hier mit zwei Caveats begnügen.[52]

(1) *Desires* (Wünsche) sind in der Regel nicht einfach gegeben. Das gilt für Wünsche erster und für Wünsche zweiter, dritter und höherer Ordnung gleichermaßen. Ein Gutteil – vermutlich der allergrößte Teil – unserer Wünsche ist selbst das Ergebnis von Abwägungen. Wenn ein Wunsch nicht Ergebnis von Abwägungen ist, können wir ihn als einen basalen Wunsch bezeichnen. Ich weiß nicht, ob es basale Wünsche im Sinne bestimmter Typen von Wünschen gibt. Ich bezweifle jedoch nicht, dass manche Wunsch-Token basal sind. Das sind Fragen, die tief in die empirische Psychologie hineinreichen und mit philosophischen Mitteln allein nicht beantwortet werden können.

(2) Auch gegebene Wünsche (Token) führen nicht via deskriptive Überzeugungen zu (rationalen) Handlungen. Es macht die Vernünftigkeit von Personen aus, dass sie auch dann, wenn sie bestimmte Wünsche als gegeben und nicht veränderlich ansehen, diese nicht (modulo deskriptive Überzeugungen) in Handlungen umsetzen müssen. Zwischen der Feststellung eines Wunsches erster Ordnung und der Ausführung einer Handlung liegt etwas, was ich in Anlehnung an die stoizistische Handlungstheorie als *krisis* oder Stellungnahme bezeichne: Es gehört zur Rationalität einer Person, dass sie in der Lage ist, ihre aktuellen Wünsche zu frustrieren, sei es aus Rücksichtnahme gegenüber anderen, sei es, um eigene Wünsche, von denen sie annehmen kann, dass sie diese später haben wird, zu berücksichtigen. Diese beiden hier genannten Gründe, eigenen aktuellen Wünschen nicht nachzukommen, sind natürlich nicht erschöpfend. Diese bei-

52 Näheres wird in Nida-Rümelin, *Strukturelle Rationalität*, Stuttgart 2001, ausgeführt, bes. Kap. 1 und 4.

den Typen von Gründen haben jedoch insofern einen besonderen Status, als ohne diesen kluges und ohne jenen moralisches Handeln unmöglich wäre.

§ 2
Gründe statt Wünsche

Der Reduktionismus der neuzeitlichen Philosophie hat den Weg bereitet für die Erfolgsgeschichte der modernen Wissenschaften. Zugleich aber sind in den vergangenen fünfhundert Jahren wesentliche Erkenntnisfortschritte nur dadurch erzielt worden, dass ein höheres Maß an Komplexität eingeführt und zu weitgehende Reduktionen zurückgenommen wurden. Komplexität und Reduktion stehen in einem anhaltenden und faszinierenden Spannungsverhältnis, das weder zugunsten der einen noch zugunsten der anderen Seite je wird aufgelöst werden können. Die Tatsache, dass der Kohärentismus in der praktischen (auch in der theoretischen) Philosophie in den vergangenen dreißig Jahren beständig an Einfluss gewonnen hat, kann man auch als Ausdruck dieser Einsicht interpretieren. Das Rawlssche Überlegungsgleichgewicht, um ein bekanntes Beispiel zu nennen, verbindet die Komplexität der *well-considered moral judgements* mit der Reduktion der Ableitung von Gerechtigkeitsprinzipien aus einer abstrakten Wahlsituation unter dem Schleier des Nichtwissens.

Die Reduktion von Rationalität auf die Wahl der geeigneten Mittel, d. h. der geeigneten Handlung, um die zum jeweiligen Zeitpunkt der Handlung gegebenen Wünsche optimal zu erfüllen, bringt – abstrakt gesprochen – einen zu großen Verlust an Komplexität mit sich. Diese Reduktion würde Sinn machen, wenn wir alle lediglich das wären, was Frankfurt als *Wanton*s bezeichnet hat. Da wir aber keine *Wanton*s sind, lässt sich diese Reduktion nicht durchhalten. Sie verdeckt das Wesentliche praktischer Rationalität, nämlich dass Wünsche in der Regel nicht gegeben, sondern das Ergebnis von Abwägung sind, oder anders gesprochen: durch normative und empirische Überzeugungen erst bestimmt werden. Das, was für *Wantons* charakteristisch ist, nämlich dass sie lediglich die geeigneten Mittel auf der Grundlage empirischer Überzeugungen bestimmen können, ihre je gegebenen Wünsche erster Ordnung zu befriedigen, spielt für Personen in ihrem lebensweltlichen Handeln eine zweitrangige Rolle. Die meisten unserer Wünsche sind nicht in irgendeinem, erst noch zu präzisierenden Sinne ›gegeben‹, sondern Ergebnis von Abwägungen, vorab getroffenen Entscheidungen, wertenden und normativen Einstellungen.

Wenn ich der Meinung bin, um ein Beispiel aus *Strukturelle Rationalität* zu nehmen, dass jemand bestraft werden sollte, genauer: dass es gerechtfertigt und geboten ist, eine bestimmte Person zu bestrafen, dann kann man durchaus sagen, ich hätte den ›Wunsch‹, dass die betreffende Person bestraft wird. Im Englischen klingt es schon ein wenig merkwürdig, hier von einem »desire« zu sprechen, aber auch das mag man noch akzeptieren. Voraussetzung ist aber, dass die Quellen dieses Wunsches von dem unterschieden werden, was Kant als »Neigung« bezeichnet hätte. Dieser ›Wunsch‹ drückt nicht eigene Neigungen (oder Bedürfnisse oder Interessen) aus, sondern ausschließlich eine normative Überzeugung. Wenn die betreffende Person diesen Wunsch nicht hätte, dann wäre die mit diesem Wunsch korrespondierende normative Überzeugung keine ernsthafte. Die Information, dass die betreffende Person jenen Wunsch habe, fügt der Information, dass sie die betreffende normative Überzeugung habe, nichts hinzu. Der Wunsch ist in diesem Falle nichts anderes als Ausdruck eines akzeptierten Grundes.

Wenn wir uns entscheiden, wenn wir also in Frankfurts Terminologie Volitionen erster Ordnung ausbilden, nehmen wir nicht Bezug auf normative oder deskriptive

Überzeugungen, in denen auch eigene und fremde Bedürfnisse und Interessen berücksichtigt sind. Im Prozess der Abwägung von Handlungsgründen können Gefühle wie die des Bedauerns darüber auftreten, dass andere Personen oder man selbst bestimmte Neigungen, Bedürfnisse, Interessen oder Wünsche im engeren Sinne haben. Die Fähigkeit, nicht nur die Neigungen, Bedürfnisse, Interessen anderer als wünschenswerte oder weniger wünschenswerte zu beurteilen (*valuing*), sondern auch die eigenen, scheint mir dabei ein essentielles Merkmal rationaler Personen zu sein. Der Abwägungsprozess von Gründen ist in vielen Fällen gar nicht vorstellbar, ohne wertend zu den genannten konativen Einstellungen erster Ordnung Stellung zu nehmen und damit konative Einstellungen zweiter Ordnung und speziell Volitionen zweiter Ordnung auszuprägen. Für eine rationale Person ist allerdings auch charakteristisch, dass diese wertende Stellungnahme selbst in den Abwägungsprozess eingeht und ihre Handlungen letztlich bestimmt. Willensfreiheit wird daher zum Merkmal einer erfolgreichen Abwägung praktischer Gründe. Erfolgreich ist eine Abwägung dann, wenn die besseren Gründe das Handeln bestimmen.

Wenn die von mir erkannten besseren Gründe mein Handeln nicht bestimmen, dann gibt es nur zwei Möglichkeiten: Ich werde am Handeln gehindert oder es fehlt mir an Willensstärke. Volitionen höherer Stufe, die sich nicht in der Kette am Ende in Volitionen erster Stufe niederschlagen, die durch eine betreffende Handlung erfüllt werden, sind ein Hinweis darauf, dass ich im Vollzug der erfüllenden Handlung gehindert wurde oder der Prozess des Herunterbrechens durch Willensschwäche blockiert ist. Wenn eine willensstarke Person nicht will, dass ihr Handeln durch bestimmte eigene Neigungen, Bedürfnisse oder Interessen bestimmt ist, dann tut sie das nicht, was diesen Neigungen, Wünschen oder Interessen entspräche. Es ist nicht so, dass sie jeweils das tut, was ihren Neigungen, Bedürfnissen oder Interessen, also bestimmten Wünschen erster Ordnung, entspricht und dass sie dann zudem Wünsche zweiter Ordnung ausprägt, welche Wünsche erster Ordnung sie gern hätte, sondern Rationalität besteht gerade darin, dass die Person zur Distanzierung von eigenen Neigungen, Bedürfnissen oder Interessen in der Lage ist, wobei Distanzierung heißt, dass sie diese nicht nur beurteilt (im Sinne von *valuing)*, sondern dass sie diese in den Prozess der Abwägung von Handlungsgründen einführt und damit relativiert.

Die genauere Betrachtung führt uns also zu dem überraschenden Ergebnis, dass das vermeintliche Essentiale rationaler Personen, nämlich Volitionen zweiter Ordnung auszuprägen, eher als ein typisches Anzeichen von Willensschwäche angesehen werden muss. Willensstarke Personen müssen nicht den Umweg über eine Modifikation ihrer Wünsche erster Ordnung gehen, bei ihnen wird die Abwägung von Gründen unmittelbar handlungswirksam. Nur die willensschwache Person mag einerseits über hinreichend viel Rationalität verfügen, um in der Abwägung von Gründen zu wünschen, sie würde anders handeln, zugleich aber, um ihre Willensschwäche wissend, diesen Wunsch darauf zu richten gezwungen sein, bestimmte Wünsche erster Ordnung, die ihr Handeln leiten, zu ändern. Frankfurt selbst bietet mit der Illustration unterschiedlicher Typen von Drogenabhängigen dazu reichhaltiges Anschauungsmaterial. Außer in dem seltenen Fall, in dem eine Handlungsabsicht (eine vorausgehende Intention bzw. eine Entscheidung) durch intervenierende Ereignisse nicht zum Vollzug der betreffenden Handlung führt, scheint sich sowohl das Problem der Handlungsfreiheit wie das der Willensfreiheit im Problem der *Akrasia* aufzulösen. Es scheint lediglich noch um die Frage zu gehen, ob das Handeln in adäquater Weise durch die Abwägung von Gründen bestimmt ist. Ist dies der Fall, bedarf es keiner Volitionen zweiter Ordnung. Das Essentiale der Person ist

Gründe abwägen und nicht, eigene Wünsche zu kritisieren.

Die bisherige Kritik kann man also zuspitzen (in Umkehrung einer Formulierung Frankfurts): Das, was es eigentlich ausmacht, eine Person zu sein, liegt nicht im Wollen, sondern in der Vernunft (*The essence of being a person lies not in will but in reason*). Die vollkommen rationale Person lässt ihr Handeln durch Gründe leiten. Als Personen gewinnen wir unsere Freiheit dadurch, dass wir den von uns akzeptierten Gründen bzw. dem Ergebnis der Abwägung von Gründen folgen. Die charakteristische Freiheit der Person ist eine durch Gründe konstituierte Freiheit, durch Gründe, die naturalistisch unterbestimmt sind.

Wir hatten im zweiten Essay die intentionalen Aspekte von Handlungen diskutiert und drei Formen der handlungsrelevanten Intentionalität unterschieden: motivierende, vorausgehende und begleitende Intentionen. Intentionalität ist demnach für Handlungen konstitutiv. Handlungen sind diejenigen Bestandteile des menschlichen Verhaltens, die durch motivierende, vorausgehende und begleitende Intentionen gesteuert sind. Handeln ist durch Intentionen gesteuertes Verhalten. Verhalten ist öffentlich zugänglich und wirkt kausal auf den Weltverlauf im Sinne naturwissenschaftlich beschreibbarer Prozesse und Sachverhalte ein. Menschliche Freiheit haben wir als naturalistische Unterbestimmtheit von Gründen charakterisiert. *Handlungsfreiheit* wäre dementsprechend die naturalistische Unterbestimmtheit unserer Handlungen, *Willensfreiheit* die naturalistische Unterbestimmtheit unseres Willens.

Wenn lediglich unser Verhalten vollständig naturalistisch bestimmt wäre, würde es keinen Sinn machen, noch von Handlungsfreiheit zu reden, obwohl der Begriff der Handlung einen dualen Charakter hat, nämlich sowohl von Intentionen wie von Verhalten individuiert wird. Wenn jedoch der Verhaltensbestandteil von Handlungen vollständig naturalistisch determiniert ist, dann bliebe für den intentionalen Handlungsbestandteil kein hinreichender Spielraum, um noch von *freien* Handlungen sprechen zu können. Es ist für bestimmte Hirnverletzungen charakteristisch, dass die beiden unter Normalbedingungen eng verkoppelten Elemente des menschlichen Handelns, das intentionale und das behavioristische, auseinander treten und dieses Auseinandertreten von der betroffenen Person als Ohnmacht erlebt wird. Eine Intentionalität, die sich nicht in der unmittelbaren intentionalen Kontrolle des Verhaltens niederschlägt, ist für Handlungsfreiheit unzureichend. Aus diesem Grunde hatten wir im zweiten Essay die begleitende Intentionalität als die *handlungskonstitutive* bezeichnet. Die intentionale Kontrolle desjenigen Verhaltens, das den behavioristischen Bestandteil derjenigen Handlung ausmacht, die die vorausgehenden Intentionen (Entscheidungen) realisiert und damit bestimmten Handlungsmotiven gerecht wird, ist unverzichtbar.

§ 3
Alternative Möglichkeiten

Wo bleibt in dieser Beschreibung die Existenz alternativer Möglichkeiten? Die Antwort auf diese Frage besteht in der Charakterisierung des Begriffs *naturalistische Unterbestimmtheit*. Naturalistisch unterbestimmt ist ein Ereignis oder ein Vorgang oder eine Tatsache (je nach Ontologie, die man zugrunde legen möchte), wenn allein die naturwissenschaftlich beschreibbaren Zustände und Gesetzmäßigkeiten das betreffende Ereignis (den Vorgang, die Tatsache) nicht vollständig determinieren. Etwas anders formuliert: wenn es nicht möglich ist, aus einer vollständigen Beschreibung eines vorausgehenden Weltzustandes und den bestehenden naturwissenschaftlichen Gesetzmäßigkeiten das betreffende Ereignis (den Vorgang, die Tatsache) deduktiv herzuleiten. Diese Charakterisierung lässt sich auch auf den probabilistischen Fall ausdehnen, für den dann allerdings die Herleitung des betreffenden Ereignisses (des Vorgangs, der Tatsache) ersetzt werden müsste durch eine probabilistische Charakterisierung des Ereignisses. Das betreffende Ereignis wäre dann ein probabilistisches, d.h. eine bestimmte Wahrscheinlichkeitsverteilung über nicht-probabilistische Ereignisse. Naturalistische Unterbestimmtheit ist also nicht schon dann gegeben, wenn von deterministischen Naturgesetzen zu probabilistischen übergegangen wird. Auch wenn die naturwissenschaftlich beschreibbaren Vorgänge durch deterministische Gesetze nicht vollständig beschreibbar wären (wofür der heutige Stand der Physik spricht), dann würde allein dadurch das Kriterium naturalistischer Unterbestimmtheit noch nicht erfüllt sein. Insofern stimmen wir mit denjenigen überein, die sich dagegen gewandt haben, den Übergang von der deterministischen Newtonschen Physik zur probabilistischen Quantenphysik als Rettung der Willensfreiheit anzusehen. Ein Zusammenhang zwischen Probabilismus und naturalistischer Unterbestimmtheit besteht nur insofern, als die probabilistische Physik (insbesondere wenn kombiniert mit der Chaostheorie auf makrophysikalische Phänomene durchschlagend) die epistemische Unauffälligkeit der kausalen Wirkung menschlicher Intentionen plausibel macht, wie gegen Ende des zweiten Essays dargestellt wurde.

Wie verhält sich nun dieser Freiheitsbegriff zur Frage der alternativen Möglichkeiten? Die Antwort liegt auf der Hand: Die naturalistische Unterbestimmtheit äußert sich in einem entsprechenden Möglichkeitsraum von Nachfolgezuständen (bzw. Ereignissen, Prozessen, Tatsachen). Die naturwissenschaftlichen Gesetzmäßigkeiten legen zusammen mit einem in naturwissenschaftlicher Terminologie vollständig beschriebenen Weltzustand den jeweiligen

Nachfolgezustand nicht fest. Zu jedem naturwissenschaftlich beschreibbaren Weltzustand zum Zeitpunkt t_1 gibt es eine Menge von möglichen Zuständen, die ohne Verletzung der naturwissenschaftlichen Gesetzmäßigkeiten zum Zeitpunkt t_2 bestehen können. Die naturalistische Unterbestimmtheit unseres Verhaltens, d. h. des öffentlich zugänglichen und naturwissenschaftlich beschreibbaren Bestandteils unserer Handlungen äußert sich dann darin, dass in diesem Möglichkeitsraum, d. h. in der Menge von Nachfolgezuständen zu t_2 eine Vielzahl alternativer Verhaltensweisen der betreffenden Person enthalten ist. Wenn man Verhalten prozesshaft beschreiben will, dann müssten die zeitlichen Verlaufsfunktionen der Zustände, die bei t_1 ihren Ausgangspunkt nehmen und die mit z_1, also dem Bestehen des Weltzustandes zum Zeitpunkt t_1 und den naturwissenschaftlichen Gesetzmäßigkeiten kompatibel sind, zugrunde gelegt werden.

Handlungsfreiheit ist, wie wir gesehen haben, nur möglich, wenn die jeweils korrespondierende Verhaltensfreiheit besteht. Handlungsfreiheit im Sinne der naturalistischen Unterbestimmtheit unserer Handlungen umfasst also zum einen die naturalistische Unterbestimmtheit unseres Verhaltens und zum zweiten die naturalistische Unterbestimmtheit unserer Intentionen, die das jeweilige Handeln leiten. Die alternativen Möglichkeiten sind also jeweils relativ zu einer naturalistischen Beschreibung realisierter Ausgangszustände und sie betreffen sowohl unser Verhalten wie unsere Intentionen. Im Begriff der Handlung fließen diese beiden Dimensionen zusammen. Handlungen bilden das Scharnier zwischen einer naturalistisch und einer intentionalistisch beschriebenen Welt. Da Handlungsfreiheit Verhaltensfreiheit einschließt, folgt, dass intentionale Vorgänge auf natürliche Vorgänge einwirken. Die alternativen Möglichkeiten ergeben sich also für uns immer relativ zu natürlichen Tatsachen und Zuständen. Die naturalistische Unterbestimmtheit von Gründen äußert sich darin, dass unsere Intentionen, sofern sie auf dem Abwägen von Gründen beruhen, naturalistisch nicht festgelegt sind. Die vollständige naturwissenschaftliche Beschreibung der Ausgangsbedingungen belässt einen Spielraum der Freiheit, einen Spielraum der Effektivität von Deliberation, einen Spielraum alternativer Möglichkeiten des Beabsichtigens und des Handelns. Freiheit als naturalistische Unterbestimmtheit impliziert die Existenz alternativer Möglichkeiten.

Wenn Personen durch Wünsche zweiter Ordnung charakterisiert wären und dementsprechend Willensfreiheit lediglich hieße, diejenigen Wünsche erster Ordnung zu haben, die von den Wünschen zweiter Ordnung gewünscht werden, so könnten wir uns mit Autonomie zufrieden geben. Eine Person wäre autonom, wenn sie diejenigen Wünsche hat, die ihren Wünschen zweiter Ordnung entsprechen, und wenn sie so handeln könnte, wie ihre Wünsche erster Ordnung besagen. Die Autorschaft von Wünschen wäre durch Wünsche zweiter Ordnung gesichert und die Autorschaft von Handlungen durch Wünsche erster Ordnung. Verantwortlich wäre eine Person für eigenes Handeln, das den eigenen Wünschen entspricht, und für eigene Wünsche, das den eigenen Wünschen zweiter Ordnung entspricht. In diesem Bild wäre Freiheit im Sinne alternativer Möglichkeiten entbehrlich. Personen sind für ihr Handeln verantwortlich, ohne dass dabei Freiheit im Sinne alternativer Möglichkeiten vorausgesetzt werden muss.

Dieses Bild ist suggestiv und es gewinnt an Suggestivität durch einfache Beispiele eben *Frankfurt-Type-Examples*. Etwa das folgende: Ich sitze in meinem Zimmer und bereite meine Vorlesung vor, die in etwa einer halben Stunde beginnt. Ich sehe aus dem Fenster auf den Innenhof, in dem ein Jugendlicher einigermaßen akrobatisch Skateboard fährt, und konzentriere mich wieder auf meine Notizen. Da erschallt ein Schrei, laut genug, um deutlich durch das Fenster zu dringen. Ich blicke hinaus und sehe, dass der Junge gestürzt ist und sich offenbar dabei so verletzt hat, dass er auf dem Boden sitzen bleibt. Ich widme mich wieder der Vorbereitung meiner Vorlesung. Am späteren Nachmittag erzählt mir eine Mitbewohnerin, dass sich ein Junge im Haus beim Skateboarden schwer verletzt habe. Ich erzähle ihr, dass ich zwar den Unfall selbst nicht beobachtet habe, dass ich aber den Jungen verletzt am Boden sitzen sah, als ich bei der Vorbereitung meiner Vorlesung war. Sie fragt mich, warum ich nicht in den Hof zu Hilfe geeilt wäre. Nun, antworte ich, es war nicht mehr viel Zeit, ich hatte noch eine Literaturstelle nachzuprüfen, und im Übrigen hatte ich Sorge, zu spät in meine Vorlesung zu kommen. Es stellt sich dann allerdings heraus, dass ich gar nicht hätte helfen können, weil der Hof von dieser Seite des Hauses nicht zugänglich war.

Die Vorwürfe meiner Mitbewohnerin waren begründet. In einem solchen Fall hat die Vorbereitung meiner Vorlesung, ja selbst die Sorge, zur Vorlesung zu spät zu kommen, zurückzutreten. Ich konnte nicht annehmen, dass noch andere außer mir diesen Unfall beobachtet haben. Es war zumindest denkbar, dass der Junge so schwer verletzt war, dass er von sich aus nicht mehr aufstehen konnte und daher dringend der Hilfe bedurfte. Ich hatte mich also unverantwortlich verhalten, man konnte mir zu Recht Vorwürfe machen. Erübrigen sich diese Vorwürfe damit, dass ich gar nicht die Möglichkeit hatte zu helfen, da ich ja, selbst wenn ich es versucht hätte, nicht in den Innenhof gelangt wäre? Die Antwort kann offensichtlich nur lauten: Nein, das ist für diesen Vorwurf irrelevant. Ich hätte es zumindest versuchen müssen und ich bin verantwortlich dafür, dass ich sitzen blieb und es nicht einmal versucht habe. Ich bin also verantwortlich dafür, nicht geholfen zu haben, obwohl ich gar nicht die Möglichkeit hatte zu helfen. Die Existenz alternativer Möglichkeiten ist für Verantwortung irrelevant. Der Semi-Kompatibilismus, das heißt die These, dass es Verantwortung ohne Freiheit geben kann bzw. dass Verantwortung mit Determinismus vereinbar ist, während Freiheit mit Determinismus nicht vereinbar ist, scheint bestätigt zu sein.

Ich bin verantwortlich für meine eigenen Handlungen. Die Handlungsfreiheit, um die es allein gehen kann, beschränkt sich darauf, dass ich das tue, was ich tatsächlich zu tun wünsche – in diesem Fall im Zimmer sitzen zu bleiben und weiter meine Vorlesungen vorzubereiten –, und dass ich mich mit meinen Wünschen identifizieren kann, also mir auch wünsche, die Wünsche zu haben, die mein Handeln leiten. Da der Freiheitsbegriff mit der Existenz alternativer Möglichkeiten allzu eng verknüpft ist, empfiehlt es sich, zum Begriff der Autonomie, der Autonomie des Willens und der Autonomie des Handelns, überzugehen. Verantwortung ist an Autonomie geknüpft. Wir machen nur solche Menschen für ihr Tun verantwortlich, die Urheber dieses Tuns sind, ihr Tun also mit ihren Wünschen übereinstimmt, und die mit ihren Wünschen im Einklang sind, die also willens- und verhaltensautonom sind. Freiheit im Sinne alternativer Möglichkeiten wäre demnach keine Vorbedingung von Verantwortung. Verantwortung wäre auch in einem streng deterministischen Universum natürlicher Ereignisse möglich. Die naturalistische Unterbestimmtheit unserer Gründe wäre keine Vorbedingung für Verantwortung. Freiheit wäre im Sinne der naturalistischen Unterbestimmtheit unserer Handlungs- und Urteilsgründe keine Vorbedingung von Verantwortung. Bedingung von Verantwortung wäre ein doppeltes Korrespondenzverhältnis: zwischen Tun und Wünschen und zwischen Wünschen erster und Wünschen zweiter Ordnung.[53] Auch wenn die Wünsche einer Person vollständig durch genetische Vorprägung und Umweltein-

53 Es wäre präziser, hier – wie auch schon in den Passagen zuvor – von »Volitionen« zu sprechen. Ich erspare mir dies, da die betreffende Präzisierung schon im vorhergehenden Abschnitt vorgenommen wurde.

wirkungen determiniert wären, könnte diese doppelte Korrespondenzbedingung erfüllt sein. Verantwortung, ja sogar Autonomie scheint es ohne Freiheit im Sinne alternativer Möglichkeiten zu geben.

Eine genauere Analyse zeigt jedoch, dass dieser Begriff von Verantwortung (und Autonomie) ohne Freiheit inkohärent ist. Um dies deutlich zu machen, kehren wir zunächst zu unserem Ausgangsbeispiel zurück. Entgegen dem ersten Eindruck hat sich durch die zusätzliche Information, dass ich gar nicht helfen hätte können, weil der Zugang zum Hof verschlossen war, durchaus eine Veränderung hinsichtlich meiner Verantwortlichkeit ergeben. Nachdem diese Information vorliegt, kann ich nicht mehr dafür verantwortlich gemacht werden nicht geholfen zu haben, sondern dafür, lediglich nicht versucht zu haben zu helfen. Unser Sprachgebrauch ist dabei ganz eindeutig. Wenn die Hausbewohnerin mir vorhalten würde »Sie sind nun dafür verantwortlich, dass der Junge nicht rechtzeitig ins Krankenhaus gekommen ist und sein Bruch sich weiter verkompliziert hat«, so müsste man ihr erwidern, »Nein, dafür bin ich nicht verantwortlich, denn auch wenn ich zu helfen versucht hätte, würde sich daran nichts geändert haben«. Ist also das Ausmaß meiner Verantwortung abhängig von diesem äußeren Umstand? Auch hier lautet die richtige Antwort: »nein«. Der moralische Tadel, den mein Verhalten verdient, wird nicht dadurch gegenstandslos, dass die Türe verschlossen war und ich daher gar nicht hätte helfen können.[54] Es gibt eine Primärverantwortung für mein Handeln und eine Sekundärverantwortung für die kausalen, probabilistischen und resultativen Folgen des eigenen Handelns. Begründeter moralischer Tadel und begründetes moralisches Lob müssen sich dabei auf die Entscheidung und die zum Entscheidungszeitpunkt gegebenen Bedingungen beziehen. Dazu gehört der

54 Auf diese Problematik gehen wir ausführlich im nächsten Essay ein.

jeweilige Wissensstand der handelnden Person. Eine *ex post*-Bewertung je nach Erfolg oder Misserfolg der Entscheidung darf an dieser moralischen Beurteilung nichts mehr ändern. Diese zwei Dimensionen von Verantwortung sind also säuberlich auseinanderzuhalten. Die Primärverantwortung bezieht sich auf die jeweilige Entscheidung bzw. die die Entscheidung realisierende Handlung, und diese ist durch tatsächliche Konsequenzen und Resultate nicht tangiert. Eine Sekundärverantwortung, die die moralische Beurteilung *ex post* nicht mehr beeinflussen kann, bezieht sich auf Folgen und Resultate der betreffenden Handlung. Für beide Dimensionen von Verantwortung spielen alternative Möglichkeiten eine konstitutive Rolle: Im Falle der Primärverantwortung ist es die Möglichkeit in der Abwägung von Handlungsgründen zu einem anderen Resultat gelangt zu sein und im Falle der Sekundärverantwortung ist es die Möglichkeit alternativer Folgen und Resultate, die den Kreis der Sekundärverantwortung abstecken.

Im engeren Sinne bin ich unmittelbar nur verantwortlich für das, was ich getan habe bzw. unterlassen habe, wenn die Unterlassung Handlungscharakter hat.[55] In diesem Fall bin ich unmittelbar verantwortlich dafür, dass ich trotz der Beobachtung, dass der Junge zu Schaden gekommen ist und trotz meiner (falschen) Vermutung, dass ich helfen könnte, mich dafür entschieden habe, am Schreibtisch sitzen zu bleiben. Ob die Tür zum Hof verschlossen war oder nicht, spielt für diese (Primär-)Verantwortung keine Rolle. Ich hätte mich anders entscheiden können. Ich hätte mich entscheiden können zu helfen, statt weiter meine Vorlesung vorzubereiten. Ich hätte versuchen können, diese Entscheidung zu realisieren, indem ich aufgestanden wäre und die Treppe zum Hof genommen hätte. Allerdings hätte sich dann herausgestellt, dass ich meine

55 Vgl. hierzu die sorgfältige Analyse von Dieter Birnbacher, *Tun und Unterlassen*, Stuttgart 1995.

Entscheidung nicht realisieren kann, weil die Tür zum Hof verschlossen ist. Es gab also eine alternative Möglichkeit. Die Frage ist, ob diese alternative Möglichkeit eine Relevanz dafür hat, dass wir Verantwortung zuschreiben.

Mit einer Modifikation des Beispiels versuchen Frankfurt und andere Semi-Kompatibilisten zu zeigen, dass die Existenz alternativer Möglichkeiten für Verantwortung irrelevant sei. Nehmen wir an, es ist nicht erst die verschlossene Tür, die mich an der Realisierung meiner Absichten gehindert hätte, sondern ein Neurochirurg, der auf einem Monitor die Bereitschaftspotentiale meines Gehirns verfolgt und jeweils mit einer Vorrichtung, die er meinem Gehirn implantiert hat, sofort intervenieren würde, wenn sich abzeichnet, dass ich die Absicht ausbilde zu helfen. Die Vorrichtung würde schon die Entstehung dieser Absicht im Keime ersticken. Der Neurochirurg würde allerdings nur dann intervenieren, wenn sich abzeichnet, dass ich eine entsprechende Absicht ausbilde. Ansonsten interveniert der Neurochirurg nicht.

Die semi-kompatibilistische Intuition besagt nun, dass meine Verantwortung durch die potentielle Intervention des Neurochirurgen in keiner Weise geschmälert wird. Sofern ich sitzen bleibe, bin ich dafür verantwortlich, ganz unabhängig davon, ob ich überhaupt eine alternative Entscheidungsmöglichkeit gehabt hätte. Die Interventionsmöglichkeit des Chirurgen ist schlicht irrelevant, solange diese nicht wirksam wird. Da diese potentielle Intervention jedoch eine wesentliche Rolle für die Existenz alternativer Möglichkeiten spielt, ist die Existenz alternativer Möglichkeiten selbst irrelevant für die Zuschreibung von Verantwortung. Es mag zunächst wie kleinliche Rechthaberei wirken, wenn ich die Analyse noch um ein paar Grad verfeinere. In diesem Beispiel gibt es eine Merkwürdigkeit, nämlich die, dass der Neurochirurg ja an irgendeiner Stelle Grund haben muss zu intervenieren. Es muss einen Auslöser zu einer Intervention geben. Dies genau wäre aber immer noch eine alternative Möglichkeit. Während die vermutete alternative Möglichkeit war *zu helfen* oder *sitzen zu bleiben*, wurde diese dann verkleinert zu *zu helfen, versuchen* (aufzustehen usw.), aber nicht wirklich zu helfen, oder *sitzen zu bleiben.* In dieser Modifikation des Beispiels schrumpfen die alternativen Möglichkeiten zu der minutiösen Alternative, unterschiedliche Bereitschaftspotentiale im Gehirn auszubilden oder sogar lediglich Vorformen solcher Bereitschaftspotentiale zu entwickeln. Spricht diese Möglichkeit der beliebigen Miniaturisierung nicht dafür, die Bedingung der Existenz alternativer Möglichkeiten für Verantwortung aufzugeben?

Vielleicht macht folgendes Gedankenexperiment klar, dass diese Reaktion ganz unbegründet wäre. Der Neurochirurg sitzt vor seinem Monitor und steuert mit dem Cursor die Entwicklung meiner Absichten, die sich in entsprechenden Bereitschaftspotentialen neurophysiologisch niederschlagen. Wäre es da immer noch angemessen, das Opfer dieser Manipulation für seine Entscheidungen und seine Handlungen verantwortlich zu machen? Offensichtlich nicht. Wir würden den Akteur selbst dann nicht verantwortlich machen für das, was er tut, wenn er selbst diese neurochirurgische Intervention nicht wahrnehmen würde und von der Autorschaft seines Wünschens und Handelns überzeugt bliebe. Worin besteht der Unterschied zwischen diesem Fall der unmittelbaren Steuerung und dem anderen der kontrafaktischen Intervention? Vielleicht hilft eine Analogie zur klassischen Physik, um diesen Unterschied genauer zu erfassen. Ein Massenpunkt lässt sich auf jeder beliebigen Bahn bei unveränderter Geschwindigkeit bewegen, wenn auf ihn entsprechende Transversalkräfte wirken. Man kann diese Situation kontrafaktisch formulieren: Bei jeder infinitesimalen Abweichung von der vorgesehenen Bahn werden entsprechende – sagen wir elektrostatische Kräfte – wirksam, die verhindern, dass der Massenpunkt von der Bahn abweicht. Für einen

Physiker ist dies eine merkwürdige Formulierung, er würde es bevorzugen, die jeweiligen transversalen Kräfte zu bestimmen, die die zeitliche Ortsfunktion des Massenpunktes festlegen. Diese beiden Beschreibungen sind äquivalent. Rückübertragen auf unser Beispiel: Wenn der Hirnchirurg jede alternative Möglichkeit (»infinitesimale Abweichung«) verhindert, dann kontrolliert der Hirnchirurg den Prozess der Entscheidungsfindung, der Ausbildung von Wünschen und ihre Umsetzung in Handlungen. Dann gibt es keine Autorschaft für die manipulierte Person unabhängig davon, ob diese Person meint, sie sei der Autor ihrer Wünsche und Handlungen oder nicht. Das subjektive Gefühl, autonom zu sein, ist vereinbar damit, dass ich objektiv nicht autonom bin.

Das Argument lässt sich in folgender Weise zuspitzen: Es gibt nur zwei Möglichkeiten, entweder die kontrafaktische Intervention des Neurochirurgen findet statt, nachdem die kontrollierte Person ihre abweichende Entscheidung getroffen hat oder bevor sie die abweichende Entscheidung getroffen hat. Wenn die Intervention stattfindet, *nachdem* sie die Entscheidung getroffen hat, dann bestand offensichtlich eine alternative Möglichkeit für die kontrollierte Person – sie könnte anders entschieden haben. Wenn die Intervention dagegen *vor* der abweichenden Entscheidung stattfindet, dann muss es etwas geben (etwas anderes als das neurophysiologische Korrelat der Entscheidung), das die Intervention auslöst. Es muss eine Indikation für die später erfolgende Entscheidung geben, die den Neurochirurgen oder den Apparat zur Intervention veranlasst. Wie könnte man sich das Verhältnis zwischen dieser Indikation und der Entscheidung vorstellen? Offensichtlich bleibt nur die Möglichkeit, dass diese Indikation die zukünftige (abweichende) Entscheidung zuverlässig anzeigt bzw. zuverlässig vorhersagt. Das heißt, wenn die Indikation zum Zeitpunkt t_1 auftritt und die vorhergesagte Entscheidung zum Zeitpunkt t_2 erfolgt, dann muss die vorhergesagte Entscheidung schon zum Zeitpunkt t_1 sicher sein. Dann muss es prinzipiell möglich sein, dass zum Zeitpunkt t_1 der Akteur schon mit Sicherheit weiß, dass er zum Zeitpunkt t_2 entsprechend entscheiden wird, denn warum sollte es grundsätzlich unmöglich sein, dass diese Indikation nicht auch dem Akteur bekannt ist? Dann aber bleiben wiederum nur zwei Möglichkeiten: entweder dass der Akteur die der Entscheidung vorausgehende Abwägung schon zum Zeitpunkt t_1 abgeschlossen hat und in der Tat beabsichtigt, entsprechend zu entscheiden, oder dass er diese Abwägung noch nicht abgeschlossen hat und daher zu t_1 noch nicht angeben kann, was er zu tun beabsichtigt. Im ersten Fall konnte der Akteur anders entscheiden, er war frei darin, anders zu entscheiden, während er im zweiten Fall diese Entscheidungsfreiheit nicht hatte, aber auch nicht unter Kontrolle hatte, was er zum Zeitpunkt t_2 entscheidet, und daher auch nicht dafür verantwortlich gemacht werden kann. Die Theorie des Semi-Kompatibilismus, die Auffassung, dass es Verantwortung ohne Freiheit geben könne, beruht also auf einem ungültigen Argument.

Dass eine so einflussreiche Strömung der zeitgenössischen Philosophie mit so einfachen Mitteln widerlegbar ist, ist irritierend. Daher soll zum Schluss dieses Essays erläutert werden, wie es zur Suggestion der Verantwortung ohne Freiheit kommt. Die Widerlegung der These, es gäbe Verantwortung ohne Freiheit (im Sinne alternativer Möglichkeiten), stützte sich auf den Begriff der Primärverantwortung, also der direkten Verantwortung des Handelnden für seine Handlungen. Ob jemand für das, was er tut, verantwortlich ist, ist letztlich schon damit entschieden, dass dieses Tun ihm als Handeln zugeschrieben wird. Diese Verantwortung ist unabhängig von den kausalen und probabilistischen Folgen und Resultaten der Handlung. Wir haben aber gesehen, dass diese Primärverantwortung, also die Verantwortung für eigenes Handeln ohne Freiheit nicht möglich ist. Diese Freiheit ist in den Handlungsbegriff über den Entscheidungsbegriff eingebettet. Kurz: keine Handlung ohne Entscheidung und keine Entscheidung ohne alternative Möglichkeiten.

Sekundäre Verantwortung beruht auf primärer Verantwortung, aber es ist nicht einfach, dieses »Beruhen auf« zu explizieren. Ich trage keine sekundäre Verantwortung, wenn es nicht eine Handlung gibt, die mit dem, für das ich sekundäre Verantwortung trage, in einer erst noch zu präzisierenden Verbindung steht. Zweifellos gilt, dass ich nicht für alle kausalen Folgen meines Handelns, also nicht für alle kausalen Folgen dessen, für das ich eine primäre Verantwortung habe, (sekundär) verantwortlich bin. Wenn ich vor einer roten Ampel abbremse und dadurch hinter mir einen Unfall verursache, bin ich für diesen Unfall nicht verantwortlich, obwohl er die kausale Folge meiner Handlung war.

Aber auch das Entgegengesetzte gilt: Es gibt sekundäre Verantwortung, ohne dass etwas, für das ich primär verantwortlich bin, kausale Ursache war. Jemand, der 1933 die NSDAP gewählt hat oder NSDAP-Mitglied war, trägt zumindest eine gewisse Mitverantwortung für die Realisierung des Programms der NSDAP in der Zeit der NS-Diktatur auch dann, wenn diese Stimmabgabe oder Mitgliedschaft keine kausale Rolle für die Umsetzung des Regierungsprogramms gespielt hat (es wäre in genau der gleichen Weise umgesetzt worden, auch wenn ich nicht so gewählt hätte und auch wenn ich nicht Mitglied der NSDAP gewesen wäre). Die kausale Beziehung zwischen dem, für das ich eine primäre Verantwortung trage, und dem, für das ich eine sekundäre Verantwortung trage, ist also weder hinreichend noch notwendig.

Die sekundären Verantwortlichkeiten unterscheiden sich von den primären in erster Linie darin, dass sie vom weiteren Verlauf der Dinge abhängig sind, nachdem die Handlung, für die ich die primäre Verantwortung trage, vollzogen wurde. Sekundäre Verantwortlichkeiten variieren mit äußeren Bedingungen, auf die ich keinen Einfluss habe. Der Semi-Kompatibilismus vermengt in intrikater Weise diese beiden Dimensionen von Verantwortung. In der Tat ist meine Primärverantwortung durch Veränderung der äußeren Bedingungen nicht beeinflussbar. Während die Sekundärverantwortung mit den äußeren Bedingungen und da besonders mit den kausalen Folgen und real gegebenen Handlungsmöglichkeiten variiert. Die Primärverantwortung setzt lediglich voraus, dass das betreffende Tun Handlungscharakter hatte, d.h. von mir kontrolliert wurde, und als Ergebnis der Abwägung von Gründen (und sei diese noch so kursorisch oder instantan) interpretiert werden kann. Primärverantwortung setzt, wie wir gesehen haben, die Existenz alternativer Möglichkeiten voraus, aber nur in dem Sinne, dass Deliberation kausal wirksam wird, dass der Akteur selbst sein Handeln kontrolliert. Die für die These der Verantwortung ohne Freiheit angeführten Beispiele beuten unbeabsichtigt diese Ambivalenz des Verantwortungsbegriffes aus und verlieren ihre Überzeugungskraft, sobald diese beiden Verantwortungsbegriffe sorgfältig geschieden werden. Die primäre, für unsere moralische Beurteilung ausschlaggebende Verantwortung verlangt nach Akteuren, die sich von Gründen affizieren lassen; die für Primärverantwortung konstitutive Freiheit verlangt lediglich, dass die Gründe eine kausale Rolle spielen, dass also das Verhalten der betreffenden Person naturalistisch unterbestimmt ist. Die für die Primärverantwortung konstitutive Freiheit erschöpft sich in der naturalistischen Unterbestimmtheit der handlungsleitenden Gründe.

IV

Warum der Zufall moralisch irrelevant ist*

Die Auffassung, dass es (genuine) moralische Zufälle gibt und dass daher Zufallsglück moralisch relevant ist, ist in der gegenwärtigen Ethik weit verbreitet.[56] Thomas Nagel hat diese Auffassung in seinem einflussreichen Beitrag »Moral Luck« 1976 erstmals ausgeführt. Wenn genuine moralische Zufälle jedoch tatsächlich existieren, dann muss moralische Verantwortung von Kontrolle getrennt werden. Personen können dann für Dinge verantwortlich gemacht werden, die sich ihrer Kontrolle entziehen. Kompatibilisten können dieser Option durchaus etwas abgewinnen, da sie es plausibler erscheinen lässt, die metaphysische Idee einer vollständig deterministischen Welt zu verbinden mit unseren moralischen Intuitionen. Aber es gibt keine genuinen moralischen Zufälle, d. h., der Zufall ist moralisch irrelevant. Die Beispiele, die in der Debatte um moralische Zufälle angeführt werden, um deren Existenz und Relevanz zu erweisen, beruhen auf konzeptionellen Verwechslungen: der Verwechslung von angemessenen negativen Empfindungen und moralischer Verantwortung (§ 2), der Verwechslung von *ex ante*-Rationalität und *ex post*-Urteilen (§ 3), der Verwechslung von epistemischen und normativen Urteilen (§ 4) und der Verwechslung von ideologischer Interpretation und moralischer Bewertung (§ 5). Die kanonische Auffassung, nach der Handlungen intentionales Verhalten darstellen, das der Kontrolle der handelnden Person untersteht, kann vertei-

* Für die Übersetzung dieses Essays aus dem Englischen danke ich Elif Özmen.

56 Der englische Ausdruck »moral luck« bringt gewisse Schwierigkeiten für eine deutsche Übersetzung mit sich. In diesem Text wird »moralischer Zufall«, »Zufallsglück« oder auch nur »Glück« im Sinne von »moral luck« verwendet. [Anm. der Übers.]

digt werden (§ 6), wenn moralische Verantwortung von anderen Formen der Verantwortung unterschieden wird (§ 7).

§ 1
Die Fragestellung

Manchmal hat man zufälligerweise Glück und manchmal nicht. Manchmal handelt man mit guten Absichten, aber es stellt sich dann heraus, dass das, was man tat, schlimme Konsequenzen hatte. In solchen Fällen hätte man rückblickend lieber anders gehandelt. Manchmal hingegen handelt man in einer Weise, die man moralisch zweifelhaft findet, aber es stellt sich heraus, dass das, was man tat, keine schlimmen Konsequenzen nach sich zog. In solchen Fällen hat man zufälligerweise Glück gehabt, man ist erleichtert und denkt vielleicht bei sich: »Was für ein Glück! Meine Handlung war ganz in Ordnung, wie sich ja jetzt herausgestellt hat!«

Immanuel Kant war in Bezug auf solche Situationen der Überzeugung, dass es so etwas wie *moralische* Zufälle nicht gibt, dass Zufallsglück moralisch irrelevant ist und der Zufall unsere moralischen Urteile über Personen und deren Handlungen nicht beeinflussen darf. Thomas Nagel hingegen, der in vielem ja ein Kantianer ist, ist der Überzeugung, dass Kant sich in Bezug auf moralische Zufälle irrt und die Alltagsmeinung richtig ist: Es gibt Zufallsglück und es ist moralisch relevant. Seit der Veröffentlichung von Nagels »Moral Luck« gibt es nicht mehr viele Philosophen, die diese Relevanz von Zufällen bezweifeln, obwohl es von einem solchen Standpunkt aus überaus schwierig ist, den Zusammenhang von Entscheidungsfreiheit, Handlungen und Verantwortlichkeit für Handlungen angemessen zu beschreiben.

Ich selbst bin der Überzeugung, dass Nagel und seine

Unterstützer sich irren und Kant Recht hat: Es gibt keine genuinen moralischen Zufälle; der Zufall ist moralisch irrelevant. Freiheit und Verantwortung sind unauflösbar miteinander verbunden, und jede philosophische Argumentation, die diesen engen Zusammenhang – z. B. durch die vermeintliche Existenz von moralischen Zufällen – lockern oder gar auflösen will, ist zum Scheitern verurteilt. Ich werde im Folgenden ausführen, aus welchen Gründen die Existenz von genuinen moralischen Zufällen verneint werden muss. Wenn meine Argumentation richtig ist, dann kann die moralische Alltagsmeinung, die den Zufall für relevant hält, zurückgewiesen werden. Darüber hinaus kann ein anderes, zentrales Element unserer *common sense*-Moral bestärkt werden: dass man nämlich sinnvollerweise für Dinge, die sich der eigenen Kontrolle entziehen, nicht moralisch zur Verantwortung gezogen werden kann. Wenn meine Argumentation richtig ist, gibt es einen Grund weniger daran zu zweifeln, dass Freiheit, Kontrolle und Rationalität konstitutiv sind für moralische Rechtfertigung und moralische Verantwortung.

Zweifellos hängt das Gelingen oder Scheitern unserer Vorhaben oftmals von Faktoren und Bedingungen ab, die sich unserer Kontrolle entziehen. Selbst die angemessene Individuierung von Handlungen hängt von externen Faktoren ab. Ob etwa *A* durch sein Handeln *B* hilft, hängt nicht nur von dem, was *A* tut, ab, sondern auch von den der Handlung äußerlichen Bedingungen, die die Konsequenzen der Handlung aber mit bestimmen. Wenn es *B* nach der Handlung von *A* besser geht, dann ist ihm wahrscheinlich geholfen worden. Wenn das allerdings nicht der Fall ist, werden wir nicht sinnvollerweise sagen können, dass *A B* geholfen hat. Die Erfüllung der moralischen Pflicht, anderen zu helfen, ist offenbar Bedingungen unterworfen, die der Pflichthandlung äußerlich sind. Andererseits erschiene es ungerecht, wenn man *A* die Vernachlässigung seiner Pflicht vorhalten würde, wenn er unter den gegebenen Umständen sein Bestmögliches getan hat, dennoch *B* aufgrund von unvorhersehbaren Ereignissen nicht geholfen wurde. Die moralische Pflicht, anderen zu helfen, müsste präziser lauten: »Tue das, von dem Du vernünftigerweise erwarten kannst, dass es den Hilfsbedürftigen helfen wird!«

Klarerweise macht es einen Unterschied, ob man jemanden aus einem brennenden Gebäude rettet oder ob man jemanden bei dem Versuch, ihn zu retten, aus dem zwölften Stock des Gebäudes stößt. Es gibt auch einen Unterschied zwischen rücksichtslosem Fahrverhalten und fahrlässiger Tötung, der z. B. von dem Fußgänger abhängt, der zufälligerweise die Straße in dem Moment überquert, in dem der rücksichtslose Fahrer die rote Ampel missachtet.[57] Die entscheidende Frage ist aber, ob diese Unterschiede moralischer Natur sind, ob moralische Urteile über Personen und Handlungen also, wie Nagel und das Gros der Gegenwartsphilosophen meinen, vom Zufall abhängen.

Die in der Debatte vorgebrachten Argumente für die Existenz von genuinen moralischen Zufällen erscheinen mir ausnehmend schwach zu sein. Zugleich genügt es in einem Fall, in dem bemerkenswerte philosophische Denker wie Thomas Nagel oder Bernard Williams schwache Argumente für eine augenfällig falsche Position vorbringen, nicht, die Position nur zu widerlegen, sondern man muss auch versuchen zu erklären, wieso die (falsche) Position so einnehmend und attraktiv erscheint und wieso die (schlechten) Argumente für gute gehalten werden. Beides möchte ich in diesem Essay leisten.

57 So die Beispiele von Thomas Nagel in »Moral Luck«, in: *Freewill*, hrsg. von G. Watson, Oxford 1982, S. 175.

§ 2
Das Argument

Die Argumente für die Existenz von genuinen moralischen Zufällen haben die folgende einfache Struktur: Finde ein Beispiel, in dem es vom Zufall abhängt, wie eine Handlung moralisch bewertet wird. Da der Zufall (d. h. die tatsächlichen Ergebnisse und Konsequenzen der Handlung) sich der Kontrolle der handelnden Person entzieht, scheint es dann so, als hinge die moralische Bewertung der Handlung von etwas ab, was die Person nicht kontrolliert: Zufall bzw. Glück.

Ich möchte mit dem folgenden Beispiel beginnen: Eine Person fährt mit gemäßigtem Tempo, unter Beachtung aller Verkehrsregeln, eine Straße entlang. Sie ist nicht betrunken und sehr konzentriert auf das Straßengeschehen, dennoch passiert ein furchtbarer Unfall, weil ein Kind vor das Auto läuft, das die Person unmöglich vorher zwischen den parkenden Autos sehen konnte. Die Person kann nicht rechtzeitig bremsen, fährt das Kind an und es stirbt. Nach einem solchen Unfall fühlt sich vermutlich jeder grauenhaft, man macht sich Gedanken darüber, ob und was man anders hätte machen können oder müssen. Wenn man etwa, wie man ursprünglich geplant hatte, länger gefrühstückt hätte, wäre es zu dem Unfall nicht gekommen und das Kind wäre noch am Leben. Solche Überlegungen sind ganz natürlich und psychologisch nachvollziehbar, aber in moralischer Hinsicht sind sie völlig bedeutungslos. In der Tat haben eine Vielzahl von Faktoren, die nicht der Kontrolle der Person unterliegen – und die keine moralische Relevanz besitzen –, zu dem Unfall geführt und somit den Tod des Kindes verursacht. Sich aber vorzuwerfen, nicht länger gefrühstückt zu haben, weil man dann wahrscheinlich diesen Unfall nicht gehabt hätte, ist eindeutig irrational. Allgemeiner ausgedrückt: Wenn eine Person nicht unmoralisch gehandelt hat, dann können ihr, wenn sich entgegen aller vernünftigen Erwartungen herausstellt, dass sie ein schlimmes Ereignis verursacht hat, keine moralischen Verfehlungen vorgeworfen werden. Ein solches Ereignis mit desaströsen Konsequenzen, das durch eine moralisch gerechtfertigte Handlung verursacht wird, stellt ein *tragisches* Ereignis dar. Personen, die eine Tragödie erleben, mögen sich furchtbar fühlen, aber sie sind nicht in moralischer Hinsicht verantwortlich oder gar schuldig. Das kann man nur dann sein, wenn die eigenen Handlungen in sich falsch und nicht gerechtfertigt gewesen sind.

Bis zu diesem Punkt der Interpretation des Beispiels stimmen die meisten Gegenwartsethiker, einschließlich Nagel, zu. Eine kleine Modifikation ändert das jedoch: Die Person fährt unvorsichtig, z. B. zu schnell. Das Kind läuft auf die Straße, der Fahrer kann nicht rechtzeitig bremsen, das Kind stirbt. Die Person fühlt sich ebenso wie die Person in dem vorherigen Beispiel grauenhaft, aber sie ist sich zusätzlich darüber im Klaren, dass das Kind wahrscheinlich noch leben würde, wenn sie vorsichtiger gefahren wäre. Nehmen wir an, dass die Person rechtzeitig hätte bremsen können, wenn sie 10 km/h langsamer gefahren wäre, und dass umsichtiges Fahrverhalten in dieser Verkehrssituation das generell verlangen würde. Nach Nagels Interpretation macht es in der konkreten Situation einen moralischen Unterschied, ob das Kind angefahren wird oder nicht. Zwar stelle unvorsichtiges Fahren irgendwie einen Grund dar, sich selbst *ein wenig* Vorwürfe zu machen, aber unvorsichtiges Fahren, das den Tod eines Kindes verursacht, stelle einen guten Grund dar, sich *große* Vorwürfe zu machen. Da die Person keine Kontrolle darüber habe, ob ihr unvorsichtiges Fahrverhalten zu einem Unfall führt oder nicht, handele es sich hier um ein Beispiel für moralischen Zufall, für einen Beleg der moralischen Relevanz von Zufallsglück.

Vermag diese Interpretation Nagels zu überzeugen? Bereits intuitiv spricht dagegen, dass es in Bezug auf Handlungen nicht nur *gut* und *schlecht*, *richtig* und *falsch* gibt. Manche Handlungen sind von einem moralischen Standpunkt aus vollständig gerechtfertigt, andere scheinen, obwohl sie ein wenig von dieser vollständigen Gerechtfertigtheit abweichen, immer noch moralisch in Ordnung zu sein. Manche Handlungen stehen im Einklang mit Recht und Gesetz, aber erscheinen von einem moralischen Standpunkt aus betrachtet als zweifelhaft. Andere stehen mit dem Gesetz im Konflikt, aber sind zur gleichen Zeit moralisch akzeptabel oder gar geboten. Es gibt somit ein *Kontinuum* zwischen vollständiger moralischer Richtigkeit und vollständiger moralischer Verfehltheit. Eine Position, die davon ausgeht, dass an dem einen Ende dieses Spektrums Zufall keine moralische Relevanz besitzt, aber eine minimale Abweichung von diesem Zustand der vollständigen moralischen Gerechtfertigtheit dem Zufall ein ungeheures moralisches Gewicht verleiht, muss inadäquat sein.

Es gibt zu der Nagelschen Interpretation eine Alternative, die auch die moralische Dimension klärt. Die Person aus dem ersten Beispiel wird sich grauenhaft fühlen, obwohl ihr nichts vorzuwerfen ist. Ein solches Gefühl stellt eine natürliche emotionale Reaktion dar und braucht keineswegs als irrational betrachtet werden. Wenn man ein Kind sterben sieht, ist das grauenhaft, und wenn man unglücklicherweise in den Tod involviert ist, dann fühlt man sich noch grauenhafter – was sollte daran irrational sein?[58] Die Person aus dem zweiten Beispiel hingegen fühlt sich grauenhaft, weil sie ein Kind sterben gesehen hat und involviert war und darüber hinaus, weil sie sich bewusst

58 Bernard Williams vertritt die These, dass das Gefühl des Bedauerns, das sich nach einem ähnlich tragischen Unfall, wie wir es in unserem Beispiel geschildert haben, einstellt, als irrational betrachtet werden müsse von denjenigen Theorien moralischer Verantwortung, die die Existenz moralischer Zufälle bestreiten, vgl. ders., »Moral Luck«, in: *Proceedings of the Aristotelian Society* suppl. vol. L (1976).

darüber ist, dass sie langsamer hätte fahren sollen und dann das Kind vielleicht noch am Leben wäre. Diese Person ist in jedem Fall moralisch dafür zu verurteilen, nicht vorsichtig genug gefahren zu sein. Moralische Bewertungen von Personen können vernünftigerweise nicht vom Zufall oder dessen glücklichen bzw. unglücklichen Konsequenzen abhängen.

§ 3
Die Analogie zur Klugheit

Vergleicht man die Frage nach der Moral mit der Frage nach der Klugheit, wird noch deutlicher, dass das Argument für die Existenz von moralischen Zufällen zum Scheitern verurteilt ist. In Bezug auf Klugheitsentscheidungen ist völlig offensichtlich, dass Zufälle irrelevant sind für das rationale Urteil, da sich die Rationalität einer Handlung nicht an ihren tatsächlichen Konsequenzen bemisst. Wenn es z. B. rational war, den Anstieg eines bestimmten Aktienkurses zu erwarten und man gut beraten wurde von seiner Bank, indem man sich Optionen auf diese Aktie sicherte, dann ist und bleibt diese Handlung klug, auch wenn sich im Nachhinein herausstellt, dass der Aktienkurs nicht steigt. Dass manche erwartete zukünftige Ereignisse nicht eintreten, stellt zwar einen Grund dar, die Erwartungen kritisch zu überprüfen, aber zugleich macht die Wahrscheinlichkeitstheorie deutlich, dass selbst eine hohe Wahrscheinlichkeit für ein zukünftiges Ereignis damit vereinbar ist, dass das Ereignis nicht eintritt.

Eine Entscheidung für eine Handlung ist klug zu nennen, wenn der zu erwartende Nutzen für meine persönlichen Interessen größer ist als der zu erwartende Nutzen jeder alternativen Handlung. Oder kurz gesagt: Die rationale Entscheidung weist den maximalen Erwartungswert hinsichtlich der Interessen der handelnden Person auf –

und zwar zum Zeitpunkt der Entscheidung. Die Wahrscheinlichkeiten und Präferenzen, die zu diesem Zeitpunkt vorliegen – und nicht etwa die Konsequenzen, die die Handlung tatsächlich hat –, sind die Grundlage unserer Urteile über den rationalen Gehalt von Entscheidungen. Was zählt, sind die *Wahrscheinlichkeiten* von Konsequenzen, nicht die Konsequenzen selbst, und es stellte eine besondere Form der Irrationalität dar, sich in seinen rationalen Urteilen quasi retrospektiv von den tatsächlichen Konsequenzen von Handlungen beeinflussen zu lassen. Wenn eine Entscheidung zum Zeitpunkt der Entscheidung rational ist, dann bleibt sie für immer rational.

Man muss hier klar zwischen epistemischen und probabilistischen Aspekten unterscheiden. Wenn ein bestimmter Typ von Entscheidungen immer und immer wieder negative Konsequenzen mit sich bringt, obwohl die jeweilige Erwartungshaltung gegenteilig war, sind die zugrunde liegenden Wahrscheinlichkeitsschätzungen womöglich unangemessen. Das ist aber eine epistemische Frage. Natürlich kann sich herausstellen, dass die epistemische Basis, die diesem Typ von Entscheidungen bislang zugrunde gelegt wurde, inadäquat ist. Aber wenn das nicht der Fall ist, gibt es keinen Grund, die Rationalität der Entscheidungen zu bezweifeln, weil sie schlechte Konsequenzen zeitigen. *Der Zufall ist irrelevant für Rationalität und rationale Urteile.*

Wenn man mit seinen Vorhaben scheitert, obwohl man in kluger Weise Entscheidungen getroffen hat, mag man sich schlecht fühlen – man kann sich aber vernünftigerweise nicht den Vorwurf machen, irrational gehandelt zu haben. Das ist auch deswegen von großer Bedeutung, weil unser Selbstbild, unsere Selbstachtung und unsere Selbstkritik nicht von Zufälligkeiten und Glück abhängen sollten. Da Moralität und Klugheit, die konstitutiv sind für diese Formen der Selbsteinschätzung, nicht vom Zufallsglück abhängen, hängen unsere Selbstbewertungen ebenfalls nicht vom Zufall ab.

Deontologen vertreten gemeinhin die Auffassung, dass sich Moral und Klugheit kategorial unterscheiden. Ich kann dieser Auffassung nicht zustimmen, weil ich das deontologische Verständnis von Klugheit für inadäquat halte.[59] Klugheitsgründe und moralische Gründe stellen zwar verschiedene Arten von Vernunftgründen dar, sie können aber letztlich nicht unabhängig voneinander existieren. Wenn man sich die Frage stellt, was man tun soll, dann muss man beide Arten von Gründen, die Klugheits- und die moralischen Gründe, erwägen. Eine solche Integration verschiedener Arten von praktischen Gründen zielt auf *Kohärenz*: Das Erwägen von praktischen Gründen führt zu kohärenten Präferenzrelationen, die sich als ein geordnetes Paar von Funktionen darstellen lassen, wobei die eine Funktion die subjektiven Wahrscheinlichkeiten der handelnden Person repräsentiert und die andere ihre subjektiven Werte. Wahrscheinlichkeitsüberlegungen spielen für vernünftige Erwägungen, sei es in Hinsicht auf die Moral oder die Klugheit, eine zentrale Rolle. Um zu richtigen Entscheidungen zu kommen, benötigt man neben Wahrscheinlichkeitsschätzungen aber auch angemessene moralische und individuelle Werte sowie die Fähigkeit, den Normen eines guten und eines moralischen Lebens Folge leisten zu können. »Richtiges Entscheiden« bedeutet in diesem Zusammenhang, dass es keine rationalen oder moralischen Gründe dafür gibt, sich retrospektiv Vorwürfe zu machen. Wahrscheinlichkeiten sind hinsichtlich der Moral und der Klugheit relevant, Zufallsglück hingegen ist irrelevant.

59 Vgl. Julian Nida-Rümelin, »Rationality: Coherence and Structure«, in: *Rationality, Rules and Structure*, hrsg. von J. Nida-Rümelin und W. Spohn, Dordrecht 2000.

§4
Epistemische und normative Erwägungen

Stellen Sie sich vor, dass Sie mit schnellem Tempo eine kurvige Straße entlangfahren und ihr mitfahrender Freund Sie deswegen ermahnt. Sie erwidern, dass Sie keineswegs zu schnell fahren und ihr Auto unter Kontrolle haben. Es besteht also Uneinigkeit darüber, ob Sie für Ihr Fahrverhalten zu kritisieren sind oder nicht, wobei diese Uneinigkeit epistemischer und nicht normativer Natur ist. Sie stimmen Ihrem Freund ja darin zu, dass man nicht unvorsichtig fahren soll, aber in Bezug auf die Frage, ob Sie in dieser konkreten Situation zu schnell fahren, sind Sie anderer Meinung. Wenn Sie nun einen Unfall haben, wird der Freund wohl sagen: »Siehst du, ich hatte Recht, du bist einfach zu schnell gefahren!« Der Unfall bestätigt seine vorhergehende Meinung, dass Sie zu schnell gefahren sind. Ob der Unfall dies tatsächlich bestätigt, ist allerdings eine offene Frage, die nur durch eine Analyse der Unfallursachen beantwortet werden kann.

Die Unterscheidung von normativen und epistemischen Erwägungen soll aber nicht bedeuten, dass normative Urteile unabhängig von epistemischen Erwägungen erfolgen können; in vielen Fällen beruhen scheinbar normative Dispute sogar ausschließlich auf epistemischen Uneinigkeiten. Auch in unserem Beispiel besteht Einigkeit darüber, was man tun sollte: Man soll langsam genug fahren, um sich und andere nicht zu gefährden. Stimmt es nun, dass Sie mit Ihrem Fahrverhalten sich und andere nicht gefährden? Ihr Freund bezweifelt eben dies, wobei er bestimmte Wahrscheinlichkeitsannahmen macht. Sich und andere zu gefährden bedeutet, dass eine unakzeptabel hohe Wahrscheinlichkeit eines Unfalls vorliegt. Die Wahrscheinlichkeit kann dabei recht niedrig sein, um als unakzeptabel hoch zu gelten, z. B. 0,1%. Sie glauben, dass Sie Ihr Auto unter Kontrolle haben und die Wahrscheinlichkeit für einen Unfall in dieser konkreten Situation sehr gering ist, z. B. unter 0,0001%. Wenn nun der Unfall geschieht, geht Ihr Freund davon aus, dass seine Wahrscheinlichkeitsannahme besser als Ihre gewesen ist. Wenn der Unfall vielleicht auch nicht die Richtigkeit seiner Meinung über Ihr Fahrverhalten beweist, so stellt er vielleicht doch einen brauchbaren Beleg seiner Wahrscheinlichkeitsschätzung dar.

Was dieses Beispiel zeigt, ist, dass Zufälle in einem bestimmten, nicht-moralischen Sinne sehr wohl relevant sind für moralische Urteile. Sie können innerhalb der epistemischen Dimension, die moralische Urteile aufweisen, wirken. Diese Form des Zufallsglücks macht Sie als Fahrer zwar nicht schuldiger, wenn Sie einen Unfall haben, als wenn Sie keinen haben – in beiden Fällen sind Sie in demselben Maße für Ihr Fahrverhalten zu kritisieren. Aber die epistemische Uneinigkeit mit Ihrem Freund ist, wenn Sie tatsächlich einen Unfall haben, zu seinen Gunsten entschieden: Er hatte Recht, als er (vor dem Unfall) sagte, dass Sie zu schnell fahren. Ihr unvorsichtiges Fahrverhalten hingegen ist in jedem Fall moralisch zu kritisieren: Es wird nicht noch unmoralischer durch einen Unfall, und es wird auch nicht weniger kritikwürdig, wenn dieser ausbleibt. Falls unsere lebensweltlichen Urteile diesbezüglich tatsächlich anders ausfallen sollten, handelt es sich um eine Form der Irrationalität, die von einem moralischen Richter oder einer moralischen Jury nicht übernommen werden sollte.

§ 5

Lebensweltliche Irrationalität und ethische Theorie

Wenn es den Dezembristen 1825 gelungen wäre, Zar Nikolaus I. abzusetzen und eine konstitutionelle Herrschaft zu errichten, wären sie Helden geworden. Wenn die amerikanische Revolution blutig und in einer wirtschaftlichen

Depression geendet wäre, hätten Jefferson, Franklin und Washington zwar noch immer in nobler Weise und wohl ohne Bedauern gehandelt, aber sie hätten sich die Konsequenzen, die ihr Handeln für ihre Mitstreiter hatte, vorwerfen müssen. Wenn Hitler nicht über Europa hergefallen und Millionen von Menschenleben vernichtet hätte, sondern nach der Besetzung des Sudetenlandes an einem Herzschlag gestorben wäre, dann wäre Chamberlains Aktion in München zwar immer noch ein Verrat an den Tschechen gewesen, aber es hätte nicht die große moralische Verfehlung dargestellt, die bis dato mit seinem Namen verbunden wird.

Thomas Nagel führt diese Beispiele an, um zu demonstrieren, dass und in welchem Ausmaß moralische Urteile vom Zufall abhängen.[60] Diese Beispiele aus der nationalen Geschichtsschreibung zeigen aber keineswegs die Existenz von moralischen Zufällen auf. Nationalgeschichten umfassen mehr und anderes als lediglich historische Tatsachen. So hängt etwa die Frage, ob jemand als Nationalheld gilt oder nicht, weniger von historischen Fakten als von politischen Interessenlagen und ideologischen Perspektiven ab. Die Instrumentalisierung vermeintlich moralischer Werturteile für politische und ideologische Zwecke ist weit verbreitet, daher können solche Beispiele für die Frage nach der Angemessenheit einer ethischen Theorie wenig austragen. So kann man z. B. gegen die Lesart des dritten Beispiels anführen, dass Chamberlain wahrscheinlich nicht erwartet hat, dass Hitler unmittelbar nach dem Münchner Abkommen einen großen Teil Europas okkupieren wird. Wahrscheinlich hat er, wie viele Deutsche auch, der damaligen Friedensrhetorik Hitlers zu viel Vertrauen geschenkt und die sehr deutlichen Ausführungen Hitlers über seine politischen Ziele in *Mein Kampf* nach dem überwältigenden Wahlsieg der NSDAP für obsolet gehalten.

60 Vgl. Thomas Nagel, »Moral Luck«, in: *Freewill*, hrsg. von G. Watson, Oxford 1982, S. 178 f.

Wenn wir in seriöser Weise die Handlungsweise Chamberlains beurteilen wollen, müssen wir die Annahmen, die seiner Entscheidung zugrunde lagen – und nicht etwa ihre Konsequenzen –, einer rationalen Prüfung unterziehen. Das lässt sich an folgendem Beispiel plausibel zeigen: Wenn ich an einer grünen Ampel über die Straße fahre und einen Unfall verursache und es stellt sich heraus, dass die Ampelschaltung kaputt gewesen ist, dann kann man mir nichts vorwerfen, weil ich berechtigterweise erwartet habe, dass das grüne Licht anzeigt, dass ich weiterfahren kann. Es wäre schlichtweg unfair, wollte man mich im Nachhinein, nachdem man von der kaputten Ampel weiß, moralisch dafür verurteilen, dass ich nicht angehalten habe. Das lässt sich auf das Chamberlain-Beispiel übertragen: Wenn er berechtigterweise erwarten konnte, dass sich Hitler nach der Einnahme des Sudetenlandes politisch kooperativer und weniger aggressiv verhalten wird, dann kann er nicht im Nachhinein moralisch dafür verurteilt werden, Hitler zum Überfall auf Europa und zur Ausrottung der europäischen Juden ermutigt zu haben. Wenn aber Chamberlain hätte wissen können, dass Aggression für Hitler auch zukünftig die politische Strategie bleiben wird, dann kann ihm vorgeworfen werden, dieses nicht genug berücksichtigt zu haben. Die Tatsache, dass sich im Nachhinein herausgestellt hat, dass Hitler kein Jota von seinem ursprünglichen politischen Programm abgegangen ist, kann als Beleg dafür gelten, dass er sich in der Zeit des Münchner Abkommens lediglich in rhetorischer Absicht friedvoll präsentiert hat. Somit ist, was nach dem Abkommen tatsächlich geschah, zwar nicht moralisch, aber sehr wohl epistemisch relevant.

Lebensweltliche moralische Urteile sind einerseits von großer Wichtigkeit für die ethische Theoriebildung: Da es keinen archimedischen Punkt gibt, von dem aus die ethische Theorie konstruiert werden kann, sind wir darauf verwiesen, die normativen Implikationen von ethischen

Theorien anhand der lebensweltlichen Urteilspraxis zu prüfen. Eine ethische Theorie, die in einem offenen und tiefgehenden Konflikt zu unseren lebensweltlichen moralischen Überzeugungen steht, kann keinen Bestand haben. Andererseits dient die ethische Theorie dazu, die lebensweltliche Praxis kritisch zu überprüfen, indem sie die zentralen Elemente der ethischen Praxis systematisiert und kohärent macht. Zwar entzieht sich nicht jedes intuitive moralische Urteil der Kritik, aber manche, durchaus weit verbreitete moralische Urteile sind offenkundig irrational, beispielsweise das Resultat politischer und ideologischer Einflussnahme. Die Nationalhistorien, die Nagel anführt, sind paradigmatisch für die Irrationalitäten lebensweltlicher ethischer Praxis.

§ 6
Zur Verteidigung der kanonischen Sichtweise

Die kanonische Sichtweise ist in folgender Weise charakterisiert:
(1) Handlungen sind intentionales Verhalten
(2) Die handelnde Person hat Kontrolle über das, was sie tut
(3) Die handelnde Person ist verantwortlich für das, was sie tut

Das Argument für die Existenz von genuinen moralischen Zufällen soll die Falschheit dieser kanonischen Sichtweise belegen, wobei die deutlichen Schwächen dieses Argumentes in den vergangenen Abschnitten aufgezeigt wurden. Die Debatte um moralische Zufälle sollte die kanonische Sichtweise unbeschadet lassen, die ihrerseits impliziter oder expliziter Bestandteil der allermeisten ethischen Theorien ist, beginnend bei Aristoteles bis hin zu den gegenwärtigen Kantianern und Utilitaristen, in den philosophischen, psychologischen und soziologischen

Handlungstheorien sowie der Spiel- und Entscheidungstheorie. Die kanonische Sichtweise kann als konstitutiver Bestandteil der *Metaphysik der Ethik* gelten, da sie die grundlegenden Voraussetzungen trägt, die wir sowohl in unserer lebensweltlichen moralischen Praxis als auch in der ethischen Theoriebildung machen.

Diejenigen, die die kanonische Sichtweise für falsch halten, scheinen sich nicht darüber im Klaren zu sein, was das Aufgeben dieser Sichtweise für Konsequenzen hätte. Die Frage, ob sie richtig ist oder falsch, kann letztlich nur wittgensteinianisch beantwortet werden: Vernünftigerweise kann die kanonische Sicht nicht aufgegeben werden, da sich keine alternative Interpretation unseres Handelns und unserer Urteile denken lässt. Es gibt Regeln der ethischen und moralischen Reflexion, die nicht aufgegeben werden können, weil dann die moralische und ethische Praxis selbst aufgegeben werden müsste. Zu diesem für die Moral konstitutiven Bestand von Regeln gehört die kanonische Sichtweise.

Der Skeptizismus stellt die metaphysischen Grundlagen der Epistemologie radikal in Frage, er bezweifelt, dass wir überhaupt etwas zuverlässig wissen können. Ich habe es in den vielen Jahren des philosophischen Nachdenkens nicht für notwendig erachtet, dem radikalen Skeptizismus etwas entgegenzusetzen, da ein ernst genommener radikaler Skeptizismus das auf Erkenntnis gerichtete Nachdenken und Argumentieren selbst zum Erliegen bringt. Man kann dem Skeptiker noch nicht einmal die Unbegründetheit seiner epistemischen Zweifel demonstrieren, da er keinem Argument zugänglich ist, da er die Voraussetzungen der Argumentation in radikaler Weise in Frage stellt. Analog verhält es sich mit denjenigen, die nicht die metaphysischen Grundlagen der Epistemologie, sondern der Ethik radikal in Frage stellen. Diese Grundlagen aufzugeben gefährdet das ethische Nachdenken und Argumentieren selbst, den moralischen Standpunkt und unsere lebensweltliche ethische Praxis. Vernünftigerweise können die konstitutiven Regeln der ethischen und der epistemischen Reflexion – und der damit zusammenhängenden lebensweltlichen Moral und Epistemologie sowie der ethischen und der naturwissenschaftlichen Theoriebildung – nicht aufgegeben werden.

Die kanonische Sichtweise ist essentieller Bestandteil der ethischen Metaphysik. Ihre Charakterisierung in (1)–(3) impliziert, dass man genau für das verantwortlich ist, über das man Kontrolle hat. Dasjenige, was wir an unserem Verhalten zu kontrollieren vermögen, sind unsere Handlungen. Wir kontrollieren unser Verhalten, indem wir es durch unsere Intentionen bestimmen; diejenigen Verhaltensweisen, die nicht derart intentional bestimmt werden, sind keine Handlungen und wir sind für dieses Verhalten auch nicht zur Verantwortung zu ziehen. Das essentielle Element von Kontrolle ist das, was *Freiheit* genannt wird. Kompatibilisten sind überzeugt davon, dass Personen frei sind, dass sie Kontrolle haben, dass es ihre Intentionen sind, die bestimmen, ob sich etwas ereignet oder nicht, und sie halten diese Überzeugung für vereinbar mit dem Determinismus. Nicht-Kompatibilisten hingegen sind der entgegengesetzten Überzeugung: Wenn der Determinismus wahr ist, also der Zustand der Welt vor Tausenden von Jahren in Verbindung mit den Naturgesetzen jeden Aspekt meines Tuns zu jeder Zeit determiniert, dann sind es nicht Intentionen, die bestimmen, was geschieht. Dann haben Personen keine Kontrolle und sie sind nicht frei.[61]

61 Vgl. Peter van Inwagen, *An Essay on Free Will*, Oxford 1983. Tommis Kapitan kritisiert das inkompatibilistische Argument in: »A Master Argument for Compatibilism?«, in: *The Oxford Handbook of Free Will*, hrsg. von R. Kane, Oxford 2002, S. 127–157.

§ 7
Andere Formen der Verantwortung

Es ist offenkundig, dass es andere, nicht-moralische Formen der Verantwortung gibt, für die dieser enge Zusammenhang von Handlung, Intention, Kontrolle, Freiheit und Verantwortlichkeit nicht gilt. Die Frage ist nun, ob das die kanonische Sichtweise gefährdet. Beginnen wir mit *politischer Verantwortung*: Ein hoher Staatsbeamter macht den Einfluss seines Amtes geltend, um seine eigene finanzielle Lage zu verbessern. Es kann sein, dass ein anderer, z. B. der Minister, der der Behörde, zu der der Beamte gehört, vorsteht, politisch zur Verantwortung gezogen wird. Selbstverständlich kann der Minister nicht die Handlungen jedes Mitarbeiters kontrollieren – wie also muss man seine politische Verantwortlichkeit verstehen? Zunächst einmal besteht eine indirekte genuine Verantwortlichkeit, weil der Minister die Mitarbeiter seiner Behörde fördern oder eben auch entlassen kann; bei denjenigen, denen er nicht vertraut, ist er mit Letzterem wohlberaten. Ihn aber direkt verantwortlich zu machen für die Vorgänge in der Administration, über die er keine Kontrolle hat, erscheint unfair. Ist die Institution der politischen Verantwortung also irrational? Die Antwort hängt wesentlich davon ab, ob es gelingt, klar zu unterscheiden zwischen politischer Verantwortung und moralischer, d. h. *genuiner* Verantwortung. Wenn der Minister die politische Verantwortung übernimmt und zurücktritt wegen der unzulässigen Handlungsweise seines Mitarbeiters, dann impliziert das nicht, dass er moralisch verurteilt werden kann für das, was der andere tat. Die Institution politischer Verantwortung ist gerechtfertigt und kann vernünftigerweise aufrechterhalten werden, wenn sie in dieser Weise von moralischer Verantwortung unterschieden wird. Auch in einer anderen Hinsicht kann die Institution politischer Verantwortung verteidigt werden. Die öffentliche Kontrolle kann sich klarerweise nicht auf die Administration im Ganzen beziehen, ebenso illusorisch wäre die Annahme, dass die Administration wie *ein* Körper, wie *eine* Person zu handeln vermag. Daher ist die Person, die der Administration vorsteht, die sie mit ihren politischen Absichten und Anweisungen anleitet, ihr Repräsentant und, im Guten wie im Schlechten, für die Handlungsweisen der ihm Unterstehenden zur Verantwortung zu ziehen. Politische Verantwortung hat ihre Berechtigung im Rahmen der öffentlichen Kontrolle von Institutionen und des demokratischen Diskurses.

Was für politische Verantwortung gilt – dass sie nämlich nicht mit moralischer, genuiner Verantwortung verwechselt werden darf –, gilt auch für *juristische Verantwortung*. Die Person aus unseren ersten beiden Beispielen ist *mehr* oder *weniger* juristisch verantwortlich zu machen, abhängig davon, ob das Kind vor das Auto läuft oder nicht. Oder: Wenn eine Person auf ihren Onkel in der Absicht, ihn zu töten, schießt, um dann die Erbschaft anzutreten, dann ist diese Person juristisch als Mörderin zu betrachten. Wenn nun aber ein Vogel in die Schusslinie fliegt, wird die Person lediglich wegen *versuchten* Mordes angeklagt werden. Obwohl die Intention der Person in beiden Fällen dieselbe geblieben ist, hat ein Ereignis (der Vogelflug), das nicht unter der Kontrolle der Person stand, die Situation verändert, indem es die Person davor bewahrt hat, zu morden. Die Frage ist nun, ob dieses natürliche Ereignis – ein Vogel fliegt in die Schusslinie einer Kugel – die moralische Bewertung der Person modifiziert. Meines Erachtens muss die Antwort klarerweise »Nein« lauten. Die unmoralischen Motive der Person ändern sich nicht durch einen zufälligen Vogelflug, auch wenn dieser die Person davor bewahrt, zur Mörderin zu werden. Dieser Zufall ist moralisch irrelevant und berührt das negative moralische Urteil über den Charakter und die Motive der Person in keiner Weise. Ein rationales moralisches Urteil hängt nicht davon ab, ob ein Vogel in die Schusslinie fliegt oder nicht.

Was aber rechtfertigt die rechtliche Unterscheidung von versuchtem und ausgeführtem Mord? Die Antwort hängt davon ab, welchen Status man dem Strafrecht zuspricht. Wenn das Strafrecht als Ausdruck und Bekräftigung moralischer Verurteilungen verstanden wird, dann scheint diese Unterscheidung zwischen Versuch und Ausführung des Mordes obsolet zu sein. Jedoch gehen die meisten Rechtstheorien nicht von einem solchen direkten Zusammenhang von Recht und Moral aus, was erklärt, dass nicht alles, was unmoralisch ist, auch strafrechtlich verfolgt werden kann. Wenn man etwa seinen Nachbarn nicht zum Sommerfest einlädt und ihn durch diese abweisende Geste kränken will, dann ist das Ausdruck eines moralisch zweifelhaften Charakters – ungesetzlich ist es aber nicht.

Das Rechtssystem bezieht sich auf Handlungen, deren Konsequenzen relativ einfach zu bestimmen sind. Es schützt die Interessen derjenigen, die von ungesetzlichen Handlungen leidvoll betroffen sind. Eben diese Interessen sind bei versuchtem und ausgeführtem Mord grundlegend verschieden. Somit sind juristische Regeln auch in Hinsicht auf ihr zertistisches Design von moralischen Regeln zu unterscheiden. Im Unterschied zur Moral kann das Recht nämlich nicht alle Arten von sozial unverträglichem Handeln umfassen und regulieren, es konzentriert sich auf die klaren Fälle. Daher ist die etablierte Rechtspraxis kein geeigneter Ausgangspunkt für eine ethische Metaphysik.

V

Warum Menschenwürde auf Freiheit beruht

Für Immanuel Kant besteht eine enge Verbindung zwischen Menschenwürde und Freiheit. Es ist die Freiheit des Menschen, seine Fähigkeit autonom, das heißt nach selbstgewählten Grundsätzen zu handeln, die ihm seine spezifische Würde verleiht. Auch zeitgenössische philosophische Beiträge, wie etwa die von Avishai Margalit, orientieren sich an dieser kantischen Konzeption. In diesem Essay möchte ich im Anschluss, aber auch in Abgrenzung zu Margalit einen Begriff der Menschenwürde substantiieren,[62] der ethisch kohärent ist. Dabei muss ein gewisses Spannungsverhältnis zu einem Teil des juridischen und medizinethischen Diskurses in Kauf genommen werden. Der Respekt vor der Menschenwürde verlangt, Menschen keinen Grund zu geben, sich gedemütigt zu fühlen, bzw. ihre Selbstachtung nicht zu verletzen (§ 2). Dabei spielen individuelle Rechte eine wesentliche Rolle (§ 3), dennoch geht Menschenwürde nicht in Menschenrechten auf. Der normative Gehalt des Begriffs Menschenwürde ist universalistisch (§ 4) und individualistisch (§ 5) und hat daher ein kritisches Potential gegenüber lokalen kulturellen Praktiken und der jeweiligen Gemeinschaft, der die einzelne Person angehört. Damit ist eine Position umrissen, die man als *ethischen Humanismus* bezeichnen kann, die-

62 In einem Zeitungsartikel Anfang 2001 hatte ich für einen Begriff von Menschenwürde plädiert, der auf der menschlichen Fähigkeit zur Selbstachtung beruht, und dafür viel Kritik einstecken müssen. Den meisten Kritikern aus der Politik und der Journalistik war vermutlich nicht vertraut, dass diese Verbindung der Begriffe für eine bedeutende, eben kantische Tradition in der praktischen Philosophie charakteristisch ist. Hier nehme ich die Gelegenheit wahr, meine Position im Kontext der Freiheitsthematik zu substantiieren. Dieser Zeitungsartikel und einige der Reaktionen aus der Philosophie sind dokumentiert in: Julian Nida-Rümelin, *Ethische Essays,* Frankfurt a. M. 2002, Tl. 4.

ser hat zur Prämisse, dass sich Menschen von Gründen affizieren lassen. Die Freiheit, die für ein Leben in Selbstachtung und in Achtung gegenüber anderen unverzichtbar ist, postuliert, dass mein Handeln und Urteilen das Ergebnis eigener Abwägung ist und nicht lediglich kausale Folge von Vorprägungen unterschiedlichen Typs (§ 6). Ethischer Humanismus setzt theoretischen Humanismus voraus.

§ 1
Die Malaise des Begriffs Menschenwürde

Während viele zeitgenössische Ethiker der Auffassung sind, man sollte den Begriff Menschenwürde in philosophisch anspruchsvollen Argumenten aussparen, da er allzu vage und missbrauchsanfällig sei, scheint mir dieser Begriff zu wichtig zu sein, als dass dieser Rat zu befolgen wäre. Ich will jedoch nicht leugnen, dass es eine Malaise dieses Begriffs gibt; drei Krankheiten haben ihn befallen: Juridifizierung, Theologisierung und Ideologisierung.

Bedingt durch die zentrale Rolle des Menschenwürdebegriffs in der Rechtsordnung der Bundesrepublik Deutschland, augenfällig in Artikel 1 des Grundgesetzes, ist der Begriff gewissermaßen *juridisch okkupiert.* Eine fundamentalistische Strömung der Rechtstheorie meint sogar, dass man den normativen Gehalt allen positiven Rechts in der Bundesrepublik Deutschland auf Menschenwürde zurückführen oder, genauer, aus der fundamentalen Norm, dass Menschenwürde unantastbar sei, ableiten könne. Die Gesetzgebungspraxis seit dem Zweiten Weltkrieg und die Rechtsprechung insbesondere des Bundesverfassungsgerichts hat ein umfangreiches Korpus von Auslegungen dieser Fundamentalnorm des deutschen Rechts hervorgebracht, deren interne Kohärenz zwar bezweifelt werden kann, die aber die philosophische Annäherung an diesen Begriff imprägnieren und eine systematische philosophische Klärung angesichts des dogmatischen Charakters der Rechtsauslegung erschweren.[63]

Die zweite Malaise ist die der *Theologisierung*. Sie äußert sich darin, dass der Begriff der Menschenwürde in einen unauflöslichen Zusammenhang mit religiösem Offenbarungswissen gestellt wird, der für viele Interpreten den gesamten Bereich des sogenannten Naturrechts umfasst. Diese Theologisierung des Naturrechts lässt sich in der These zusammenfassen, dass die absolute Geltung menschlicher Würde auf der von Gott geschaffenen natürlichen Ordnung und der Gottesebenbildlichkeit des Menschen beruhe. In Robert Spaemanns Worten: »Der Begriff Würde meint etwas Sakrales: er ist ein im Grunde religiös-metaphysischer«.[64] Wenn dem so wäre, wenn Menschenwürde nicht nur in der historischen Semasiologie, sondern auch in systematischer Analyse lediglich im Kontext religiöser Dogmatik einen Sinn ergibt, dann allerdings wäre die Geltung derjenigen juridischen und moralischen Normen, die sich an der Menschenwürde orientieren oder gar aus der Fundamentalnorm der Unantastbarkeit der menschlichen Würde abgeleitet werden, von der Wahrheit religiöser, genauer christlicher, Glaubensinhalte abhängig. Die Anerkennung dieser Normen als verbindlich auch für diejenigen, die diesen religiösen Glauben nicht teilen, müsste dann als unbegründet gelten. In Verbindung mit der oben genannten fundamentalistischen Interpretation des deutschen Rechts ergäbe sich die paradoxe Konsequenz, dass über Artikel 1 GG die vermeintlich

63 Zur Rolle der Menschenwürde im deutschen Recht vergleiche den Grundgesetzkommentar von Höfling, in: Michael Sachs, *Grundgesetz. Kommentar*, München ³2003, sowie die Studie von Tatjana Geddert-Steinacher, *Menschenwürde als Verfassungsbegriff: Aspekte der Rechtsprechung des Bundesverfassungsgerichtes zu Art. 1 Abs. 1 GG*, Berlin 1990.

64 Vgl. Robert Spaemann, »Über den Begriff der Menschenwürde«, in: *Menschenrecht und Menschenwürde*, hrsg. von E.-W. Böckenförde und R. Spaemann, Stuttgart 1987, S. 297.

säkulare Rechtsordnung in Wirklichkeit religiös begründet wäre und damit nur gegenüber denjenigen, die die gleiche (christliche) Religion teilen, als gerechtfertigt gelten könnte.

Die dritte Malaise ist die der *Ideologisierung*. In schwierigen Bereichen moralischer Urteilsfindung, insbesondere dort, wo menschliche Handlungsoptionen erst durch technologische Veränderungen ermöglicht werden, also in Bereichen, die sich nicht auf das lebensweltlich Vertraute, auf sittliche Traditionen und moralische Intuitionen stützen können, bedürfte es einer sorgfältigen ethischen Analyse. Diese ist mühsam und es gibt wirtschaftliche, politische und wissenschaftliche Interessen, die dieser schwierigen Aufgabe ausweichen möchten. Ein probates Mittel dieser spezifischen Form ethischer Irrationalität ist die Ideologisierung, d. h. der Appell an vermeintlich unmittelbar einleuchtende weltanschauliche Vorfestlegungen, die die Einzelnen an diesem Diskurs Beteiligten dazu zwingen, sich für die eine oder andere Seite zu entscheiden und die weitere Auseinandersetzung mit den Mitteln des Weltanschauungskampfes zu führen. In einer Habermasschen Formulierung könnte man diese damit einhergehende Veränderung als den Übergang von kommunikativer zu strategischer Rationalität treffend charakterisieren.[65] Ein weiteres für Ideologien charakteristisches Merkmal ist die lediglich lokale Kohärenz der Argumentation bei geringer externer Kohärenz. Die jeweilige ideologische Position ist immanent – weitgehend – stimmig, erkauft aber diese Stimmigkeit mit Defiziten der Einbettbarkeit in den größeren Zusammenhang lebensweltlicher Verständigungspraxis. Typischerweise begegnen Ideologien diesen Defiziten mit unterschiedlichen Strategien der Immunisierung, deren weitreichendste darin besteht, das Gesamt der lebensweltlichen Verständigungspraxis und

65 Vgl. Jürgen Habermas, *Theorie des kommunikativen Handelns*, Frankfurt a. M. 1981, bes. Kap. 3.

der für diese konstitutiven Urteile und Handlungsmuster pauschal als irregeleiteten Alltagsverstand oder als manipulierte Meinung, etwa als Ausdruck eines Machtkartells, zu entwerten.

Trotz dieser Krankheiten, von denen der Diskurs um Menschenwürde befallen ist, möchte ich im Folgenden den Versuch einer philosophischen Klärung unternehmen. Im Zentrum stehen dabei der begriffliche Zusammenhang von Menschenwürde und Selbstachtung sowie die normativen Implikationen, die dieser mit sich bringt. Der Begriff ist zu eng mit seinem Gebrauch in normativen Theorien verknüpft, als dass er ethisch-neutral geklärt werden könnte.

§ 2
Demütigung und Selbstachtung

Avishai Margalit hat in *The Decent Society* den Versuch unternommen, die normativen Grundlagen einer anständigen Gesellschaft zu klären.[66] Die Entwürdigung, Verfolgung und Ermordung der europäischen Juden während der Nazizeit leiten dabei Margalits Überlegungen an, ohne dass der Holocaust auch nur an einer Stelle des Werkes thematisch wird. Obwohl ich mit wesentlichen Teilen der Argumentation Margalits nicht übereinstimme,[67] hat mich sein Klärungsversuch doch beeindruckt und ich knüpfe daher zunächst an diesen an.

66 Avishai Margalit, *The Decent Society*, Cambridge 1996, dt.: *Politik der Würde. Über Achtung und Verachtung*, Frankfurt a. M. 1999. In ähnlicher Weise argumentieren Peter Baumann, »Menschenwürde und das Bedürfnis nach Respekt«, Bernd Ladwig, »Ist ›Menschenwürde‹ ein Grundbegriff der Moral gleicher Achtung? Mit einem Ausblick auf die Fragen des Embryonenschutzes«, Peter Schaber, »Menschenwürde als Recht nicht erniedrigt zu werden« und Ralf Stoecker, »Menschenwürde und das Paradox der Entwürdigung«, in: *Menschenwürde. Annäherung an einen Begriff*, hrsg. von R. Stoecker, Wien 2003.

67 Welche Aspekte dies betrifft, wird unten noch deutlich werden.

Unter *Demütigung* versteht Margalit alle Verhaltensformen und Verhältnisse, die einer Person einen rationalen Grund geben, sich in ihrer *Selbstachtung* verletzt zu sehen. Demütigung ist also so verstanden kein psychologisches Phänomen, sondern ein objektiver, ethischer Sachverhalt. Und so mag es manche Personen geben, die zwar objektiv gedemütigt wurden, die sich jedoch nicht gedemütigt fühlen. Auch das Umgekehrte gilt: Es kann Personen geben, die sich gedemütigt fühlen, ohne objektiv, in diesem ethischen Sinne, gedemütigt worden zu sein.

Voraussetzung für dieses ethische Verständnis von Demütigung ist, dass Gefühle nicht etwas Gegebenes sind, etwas, das der rationalen Beurteilung vollständig entzogen ist. Gefühle, jedenfalls bestimmte Gefühle und hier diejenigen Gefühle, die für Demütigungen ausschlaggebend sind, haben Gründe, nicht lediglich Ursachen. So wie es begründete Angst und unbegründete Angst gibt, so gibt es ein begründetes Gefühl und ein unbegründetes Gefühl der Demütigung. Berechtigt oder begründet ist das Gefühl, gedemütigt worden zu sein, wenn ich tatsächlich gedemütigt worden bin. Ob ich tatsächlich gedemütigt worden bin, entscheidet sich nicht allein daran, ob ich ein Gefühl der Demütigung entwickle.

Nun stellt sich die Frage, was, welche Entitäten ein Gefühl der Demütigung begründen können? Was ist es, das demütigt? In erster Linie kommen einem dabei Handlungen in den Sinn. Bestimmte Handlungen können für die betroffene Person demütigend sein. Margalit meint, dass auch die Lebensbedingungen demütigend sein können, wenn diese durch menschliches Handeln verursacht sind.[68] Mir scheint dagegen, dass in letzter Instanz nur Handlungen als etwas Demütigendes in Frage kommen, keine Lebensbedingungen, wenn sie natürliche Ursachen haben,

68 Vgl. Avishai Margalit, a. a. O., Kap. 1.

z. B. eine Behinderung, auch nicht soziale Verhältnisse, die von Menschen verursacht wurden.

Diese Eingrenzung ist zweifellos rechtfertigungsbedürftig, denn in unserem alltäglichen Sprachgebrauch gibt es Formulierungen wie »demütigende Armut« oder »demütigende Abhängigkeit«. Formulierungen dieser Art sollte man jedoch als Kurzfassungen lesen für: »Das Ausmaß der Armut erlaubt nur ein Leben, in dem man demütigenden Handlungen und Situationen ausgesetzt ist.« Die Erweiterung um Situationen scheint mir deswegen gerechtfertigt zu sein, weil auch verächtliche Meinungen und Gefühle anderer Personen demütigen können.

Mit dieser Interpretation werden zwei philosophische Prinzipien aufrechterhalten, die mir unverzichtbar erscheinen: Zum einen das *Prinzip des Individualismus* – nur menschliche Individuen handeln, Handeln setzt Intentionalität voraus, die wiederum ohne einen personalen Träger nicht möglich ist, und zum anderen die *Zurückweisung des Animismus* in jeder auch verdeckten Gestalt.

Die animistische Weltanschauung, die für vorschriftliche Kulturen offenbar charakteristisch war, beseelt Entitäten ohne mentale Eigenschaften. Dieser Animismus ist zwar im Konflikt mit der modernen Naturwissenschaft als öffentliches Bekenntnis weitgehend verschwunden, lebt aber in unterschiedlichen Spielarten der Esoterik, in alltäglichem Wunderglauben, zahlreichen pseudomedizinischen Praktiken und vor allem in unserem Sprachgebrauch fort. Solange dieser Sprachgebrauch mit einer metaphorischen Interpretation unterlegt wird, ist dies unproblematisch. Es gibt dann in der Tat ein »unfreundliches« Wetter, eben ein solches, das unserem eigenen Wohlgefühl abträglich ist, ohne dass dem Wetter als solchem eine unfreundliche Einstellung unterschoben wird. Ein Hurrikan kann jedoch nicht demütigen, auch wenn er viel Leid über die Betroffenen bringt. Diese wurden nicht gedemütigt, sondern ins Unglück gestürzt. Sie mögen angesichts ihrer Hilflosigkeit den Naturgewalten gegenüber ein Gefühl der Demütigung haben, aber dieses Gefühl ist – so hart dies in diesem Zusammenhang klingen mag – unbegründet: Es gab niemanden, der sie demütigte. Es hat keine Demütigung gegeben. Sie wurden nicht gedemütigt, obwohl sie sich vielleicht gedemütigt fühlen. Wenn der Hurrikan jedoch nur deshalb so großen Schaden anrichten konnte, weil die armen Bewohner der Küstenregion seit Jahren trotz zahlreicher Eingaben keine Genehmigung erhielten, einen Damm zu bauen, dann allerdings mag der Schaden, der vom Hurrikan angerichtet wurde, ein begründetes Gefühl der Demütigung wachrufen, das allerdings auf das demütigende Verhalten der Behörden zurückzuführen ist, das diesen Schaden mit verursachte. Wenn man wie Margalit eine *anständige Gesellschaft* dadurch definiert, dass »ihre Institutionen die Menschen nicht demütigen«,[69] dann kann das ebenfalls nur als eine metaphorische Charakterisierung angesehen werden, die etwa in der Weise zu präzisieren wäre, dass diejenigen Handlungsweisen, die konstitutiv für die betreffenden Institutionen sind (d. h. die den normativen Regeln, die die Institution tragen, entsprechen), nicht demütigen.

§ 3
Selbstachtung und Individualrechte

Man sollte nichts tun, was die Selbstachtung eines Menschen beschädigt. So selbstevident diese Norm erscheinen mag, sie muss präzisiert werden: *Man sollte nichts tun, was einer Person Grund gibt, sich gedemütigt zu fühlen.* Man kann sich Menschen vorstellen, die sich zwar häufig gedemütigt fühlen, aber keinen Grund haben, sich gedemütigt zu fühlen. Dann würden wir diejenigen Personen, wegen deren Verhalten sich der betreffende Mensch gede-

69 Ebd., Einleitung.

mütigt fühlte, keines demütigenden Verhaltens bezichtigen können. Es geht also um begründete Gefühle.

Demütigung und Selbstachtung sind begrifflich eng miteinander verbunden. Einen Menschen zu demütigen heißt, ihm seine Selbstachtung zu nehmen. Lässt sich genauer bestimmen, unter welcher Bedingung das Gefühl, gedemütigt worden zu sein, begründet ist? Eine mögliche Antwort auf diese Frage ist: Ein Mensch hat immer dann Grund, sich gedemütigt zu fühlen, wenn bestimmte grundlegende Rechte verletzt wurden. Von daher liegt es nahe, eine philosophische Interpretation von Menschenwürde vorzunehmen, die man als *Identitätsthese* charakterisieren kann. Nach ihr ist der Menschenwürdebegriff im Prinzip verzichtbar, weil man ihn vollständig durch den Katalog von Menschenrechten ersetzen kann. Dies erklärt dann auch den Umstand, dass im angelsächsischen Recht Menschenwürde keine begründende Rolle spielt, ohne dass das Menschenbild und die Grundnormen des angelsächsischen Rechtes wesentlich von denen des deutschen divergieren. Die Unschärfe des Begriffs Menschenwürde ließe sich entsprechend der Identitätsthese dadurch beheben, dass eine hinreichend explizite Theorie der Menschenrechte entwickelt wird. Die Grundnorm der Unverletzbarkeit der Menschenwürde wäre dann eine Art Kurzfassung für die Unverletzbarkeit der Menschenrechte *in toto*, und die seit dem Zweiten Weltkrieg anhaltende Debatte über eine Ausweitung des Menschenrechtskataloges um Menschenrechte der sogenannten zweiten und dritten Generation könnte als eine Spezifizierung auch des Menschenwürdebegriffes verstanden werden. Pragmatisch hat dieser Vorschlag viel für sich, zumal er nicht nur die enge Verbindung von Ethik und Recht aufrechtzuerhalten gestatten würde, sondern auch, weil die Frage, was alles zu den Menschenrechten gehört, ein Substitut für die Frage ist, worin Menschenwürde (und ihre Unverletzlichkeit) besteht.

Der Begriff der Selbstachtung, den wir zur Explikation des Menschenwürdebegriffes in Anschluss an Margalit verwenden, darf nicht mentalistisch verkürzt werden. Individuen, die zur Selbstachtung fähig sind und die damit gedemütigt werden können, zeichnen sich dadurch aus, dass sie für ihr eigenes Tun Verantwortung übernehmen können, d. h. dass sie im Stande sind, Gründe abzuwägen, ihr Tun sich selbst und anderen gegenüber zu rechtfertigen. Sie gestalten ihr Leben und ihr Verhältnis zu anderen Menschen in dem Bewusstsein, nicht nur von externen Ursachen, sondern auch von dem Ergebnis der eigenen Abwägung geleitet zu sein. In genau diesem Sinne sehen sie sich selbst als frei Handelnde. Diejenige Demütigung, die hier für uns ausschlaggebend ist, die die Selbstachtung beschädigt und die Menschenwürde verletzt, ist eine in diesem Sinne existentielle: Sie bezieht sich auf das, was zu den unabdingbaren Voraussetzungen eines selbstbestimmten Lebens gehört. Man könnte dies auch so formulieren: Die Verletzung der Menschenwürde bedroht den Status des Individuums als Person, als freien und verantwortlichen Akteur. Und damit sind wir wieder bei der Verbindung zwischen Menschenwürde und Menschenrechten. Lassen sich die Menschenrechte nicht charakterisieren als diejenigen fundamentalen Bedingungen menschlichen Lebens, die Freiheit und verantwortliches Handeln ermöglichen? Die existentielle Erniedrigung, die eine Verletzung der Menschenwürde ausmacht, wäre also in dieser Weise ein Verstoß gegen Menschenrechte.

In der *Allgemeinen Erklärung der Menschenrechte* vom 10. Dezember 1948 werden diese Bedingungen spezifiziert. So heißt es in Artikel 1: »Alle Menschen sind frei und gleich an Würde und Rechten geboren. Sie sind mit Vernunft und Gewissen begabt und sollen einander im Geiste der Brüderlichkeit begegnen.« Der Artikel 2 enthält ein umfassendes Diskriminierungsverbot, der Artikel 3 das Recht auf Leben, Freiheit und Sicherheit der Person;

weitere Bestimmungen wie etwa die in Artikel 12 verbieten willkürliche Eingriffe in das Privatleben, die Familie, die Wohnung, den Schriftverkehr oder rechtswidrige Beeinträchtigungen der Ehre oder des Rufes. Aber schon in dieser ersten Generation der Menschenrechte sind Bestimmungen enthalten, die man nur mit Mühe mit der Menschenwürde in Einklang bringen kann, etwa der Anspruch auf Staatsangehörigkeit (Artikel 15) oder das Recht auf Eigentum (Artikel 17), denn Staatenlosigkeit und Eigentumslosigkeit sind nicht zwingend mit einem Verlust an Selbstachtung verbunden. *A fortiori* gilt dies für die zweite und dritte Generation der Menschenrechte, wie sie im *Internationalen Pakt über wirtschaftliche, soziale und kulturelle Rechte* vom 19. Dezember 1966 niedergelegt sind, der z. B. in Artikel 7 jedem die gleiche Möglichkeit gewährleistet, in seiner beruflichen Tätigkeit aufzusteigen, wobei keine anderen Gesichtspunkte als Beschäftigungsdauer und Befähigung ausschlaggebend sein dürfen. Auch die Vergütung gesetzlicher Feiertage scheint keine zwingende Voraussetzung für ein Leben ohne Demütigung zu sein. Menschenrechte im Sinne universaler gleicher Rechte für alle unabhängig von der jeweiligen staatlichen Ordnung gehen, so lässt sich dies zusammenfassen, wesentlich über den normativen Gehalt der Unverletzlichkeit der Menschenwürde hinaus.

Immerhin scheint vieles dafür zu sprechen, den Nukleus universeller gleicher individueller menschlicher Rechte durch das Verbot (existentiell) zu demütigen, zu charakterisieren. Aber selbst in dieser Interpretation scheint mir die Identitätsthese den normativen Sachverhalt nicht angemessen zu bestimmen. Selbst für die fundamentalsten Menschenrechte der ersten Generation gilt, dass ihre Verletzung nicht immer ein Gefühl der Demütigung begründen würde. Um ein bizarres Beispiel zu nennen: Die kultische Tötung einer Person als eines verehrten, den Göttern besonders nahe stehenden Wesens kann man nur schwer als Demütigung interpretieren. Das individuelle Recht auf Leben oder auf körperliche Unversehrtheit geht über das Recht, nicht gedemütigt zu werden, hinaus. Und umgekehrt ist die Einhaltung der Menschenrechte bei weitem nicht ausreichend, um (existentielle) Demütigungen auszuschließen: Das Recht, (existentiell) nicht gedemütigt zu werden, geht über die individuellen Menschenrechte hinaus. *Es gibt Handlungen, die kein Menschenrecht verletzen, aber existentiell demütigen, und es gibt Handlungen, die ein Menschenrecht verletzen, ohne zu demütigen.* Die Identitätsthese lässt sich nicht aufrechterhalten.

Diese Zurückweisung der Identitätsthese ist aber sehr wohl damit vereinbar, dass das Verbot zu demütigen eine wichtige begründende Rolle im Menschenrechtsdiskurs spielt. Ja, mehr noch: Erst die substantielle Bestimmung des Menschenwürdebegriffes über Selbstachtung (existentielle Demütigung) ermöglicht eine begründende Rolle des Prinzips der Unverletzlichkeit der Menschenwürde für Menschenrechte. Menschen haben ein Recht darauf, dass niemand sie körperlich ohne ausdrückliche Einwilligung verletzt oder verstümmelt (das Menschenrecht auf körperliche Unversehrtheit). Jeder Mensch hat ein Recht darauf, dass niemand ihm – ohne seine ausdrückliche Einwilligung oder seinen ausdrücklichen Wunsch – sein Leben nimmt (das Menschenrecht auf Leben). Beide fundamentalen Menschenrechte sind wesentlich, um existentielle Demütigungen auszuschließen und das heißt, die Menschenwürde zu achten. Diese beiden Menschenrechte sind aber auch dort begründet, wo die Selbstachtung der Person nicht auf dem Spiele steht. Menschliches Leben ist für sich genommen von hohem intrinsischen Wert, es darf auch dann nicht geopfert werden, wenn dies ohne Demütigung möglich wäre. *Jedes einzelne menschliche Individuum hat ein Recht auf Leben. Kein menschliches Individuum darf ohne ausdrückliche Einwilligung getötet werden, und das gilt auch für Fälle, in denen diese Tötung ohne*

Demütigung möglich wäre. Schon bei einer schmerzlosen und unangekündigten Tötung einer Person ist es fraglich, inwiefern hier sinnvoll von einer Demütigung dieser Person gesprochen werden kann. Die kantische Ethik böte dafür immerhin eine Argumentationshilfe, insofern auch die schmerzlose und unangekündigte Tötung in der Regel als eine Verletzung der Selbstzweckhaftigkeit dieses menschlichen Individuums angesehen werden muss. Es wäre dann insofern gedemütigt worden, als es nicht als Zweck, sondern bloß als Mittel gebraucht wurde.[70] Auch dieser Rettungsversuch würde aber obsolet, wenn wir die Tötung in der Kultvariante heranziehen. Ich habe diese beiden menschenrechtlichen Fundamentalnormen negativ formuliert, nämlich als Recht darauf, dass jemand etwas nicht tut, oder logisch äquivalent umformuliert: ein Recht darauf, dass alle davon absehen, etwas zu tun (körperlich verletzen, das Leben nehmen). In dieser Formulierung ist die sogenannte Drittwirkung eingeschlossen, denn diese Postulate, etwas zu unterlassen, richten sich an alle Akteure, also nicht nur an staatliche. Inwiefern der Staat eine Pflicht hat, darüber hinaus dafür zu sorgen, dass auch nichtstaatliche Akteure diese Postulate erfüllen, ist eine rechts- und politiktheoretische Frage, deren Klärung einer inhaltlichen Bestimmung von Menschenrechten nicht vorausgehen muss.

Kann man sich eine Gesellschaft vorstellen, die zwar das Phänomen der Demütigung kennt (also das der Verletzung ihrer Selbstachtung), aber keinen Begriff von individuellen (Fundamental-)Rechten, d. h. Menschenrechten, hat? Diejenigen, die auf der historisch und kulturell gebundenen Rolle von Menschenrechten beharren, die Menschenrechte als ein kulturelles Phänomen des europäischen Humanismus und der europäischen Aufklärung ansehen, werden diese Frage bejahen müssen, denn es ist

70 Vgl. Immanuel Kant, *Grundlegung zur Metaphysik der Sitten* [1785].

schwer vorstellbar, dass auch das Phänomen der Selbstachtung und der Demütigung erst zusammen mit dem neuzeitlichen Denken in Europa auftaucht. Menschen wurden wohl zu allen Zeiten gedemütigt, d. h. in ihrer Selbstachtung beschädigt, in welchen Begriffen auch immer ein solcher Vorgang beschrieben wird. Der Menschenrechtsdiskurs der europäischen Aufklärung bis in die Gegenwart ist dafür nicht konstitutiv. Selbstachtung, so könnte man hinzufügen, wurzelt tiefer, sowohl biographisch wie kulturell. Schon sehr kleine Kinder fühlen sich gekränkt oder gedemütigt. Sie haben nicht immer Grund für dieses Gefühl, aber oft genug.

Das begründete Gefühl der Demütigung ist unser Kriterium dafür, dass die Menschenwürde verletzt wurde. Ist es aber nicht doch so, dass man sich das begründete Gefühl der Demütigung schwer vorstellen kann, ohne das begründete Gefühl, in seinen *Rechten* verletzt worden zu sein? Die Idee gleicher und universeller Menschenrechte mag historisch jung sein, die Idee des individuellen Rechts ist alt. Je sorgfältiger man sich Einzelsituationen der Demütigung vorstellt, desto plausibler erscheint die These, dass der normative (nicht psychologische) Begriff der Demütigung ohne den normativen Begriff des individuellen Rechts nicht auskommt. Ein Mensch, der glaubt, einen guten Grund zu haben, sich gedemütigt zu fühlen, wird auf die Frage, warum er sich gedemütigt fühle, mit dem Verweis auf die Verletzung eines seiner individuellen Rechte antworten. Es ist dabei unerheblich, ob er den Begriff des »Rechts« verwendet, um diesem Gefühl sprachlich Ausdruck zu geben.

Wir müssen uns an dieser Stelle nicht entscheiden, ob der Begriff eines individuellen moralischen Rechtes oder der der normativ verstandenen Demütigung grundlegender ist. Selbst wenn begründete Demütigung nur möglich wäre, wenn individuelle Rechte verletzt sind, spräche dies noch nicht für die Identitätsthese. Schon allein deswegen nicht, weil nicht jedes individuelle Recht, das hier relevant ist, zugleich als Menschenrecht charakterisiert werden könnte. Ein substantieller Begriff von Menschenwürde, wie er hier in Bezug auf Selbstachtung und Demütigung zugrunde gelegt wird, erlaubt jedoch, den Katalog der Menschenrechte um das Recht, nicht gedemütigt zu werden, zu ergänzen, ohne dass damit die Reduzierbarkeit aller übrigen Menschenrechte auf dieses eine des Menschenwürdeschutzes behauptet würde. Damit markiert der Schutz individueller menschlicher Würde einen wesentlichen Teil der Menschenrechte. Das Recht, nicht gedemütigt zu werden, fügt den übrigen menschenrechtlichen Normen etwas Wesentliches hinzu und die übrigen Menschenrechte lassen sich aus diesem Recht allein nicht deduzieren.

§4
Universalismus und Menschenwürde

Demütigen heißt die Selbstachtung eines Menschen zu beschädigen. Da wir den Begriff der Demütigung im Anschluss an Avishai Margalit als einen normativen Begriff eingeführt haben, ist damit zugleich beinhaltet, dass *Selbstachtung* nicht rein empirisch bestimmt werden kann. Die enge Verkoppelung von Demütigung und Selbstachtung in einer normativen Theorie der Menschenwürde impliziert, dass es möglich ist, dass Menschen gedemütigt wurden, ohne sich gedemütigt zu fühlen und umgekehrt, dass Menschen sich gedemütigt fühlen, ohne gedemütigt worden zu sein. Die moralische Pflicht, die Selbstachtung anderer Mitmenschen nicht zu beschädigen, bezieht sich auch auf solche Personen, die von ihrer psychischen Disposition her unerschütterlich erscheinen. Auch diesen Menschen gegenüber haben wir Rücksicht zu nehmen, wir dürfen sie nicht demütigen, auch wenn sie sich auf

Grund ihrer charakterlichen Festigkeit durch demütigende Handlungen nicht in ihrer psychischen Stabilität erschüttern ließen. Auch solchen Menschen gegenüber, denen ein verächtlicher, menschenunwürdiger Umgang nichts anhaben kann, sind wir zu einem menschenwürdigen Verhalten verpflichtet.

Diese normative Fassung der Begriffe Demütigung und Selbstachtung erlaubt eine *universalistische* Konzeption der Menschenwürde und der korrespondierenden Menschenrechte. Ein menschenwürdiger Umgang demütigt nicht, er beschädigt die Selbstachtung anderer Personen nicht. Ein menschenwürdiger Umgang verlangt auch dort nach Rücksichtnahme und Respekt, wo die betreffende Person gegen Demütigungen nicht opponiert, sei es, weil die Person einen unterwürfigen Charakter hat, sich ihrer eigenen menschlichen Würde also nicht hinreichend bewusst ist, oder sei es, weil die betreffende Person von unerschütterlicher Selbstachtung geprägt ist, also sich ihrer menschlichen Würde in besonders starker Form bewusst ist.

Da die Konsequenzen, die ein Handeln für die mentale Verfasstheit der betroffenen Person hat, allein nicht darüber entscheiden, ob dieses Handeln demütigend war oder nicht, die Selbstachtung beschädigte oder nicht, eben menschenwürdig war oder nicht, bedarf es ethischer Prinzipien, die bestimmen, was ein nicht demütigender Umgang ist, was Selbstachtung ausmacht, was Menschenwürde bedeutet. Dies ist der normative Ausgangspunkt einer universalistischen Theorie menschlicher Würde und korrespondierender menschlicher Grundrechte.[71]

Es gibt kulturelle Praktiken, wie etwa die der Genitalverstümmelung junger Mädchen in Afrika, die demüti-

71 Vgl. Jens Hinkmann, *Ethik der Menschenrechte. Eine Studie zur philosophischen Begründung von Menschenrechten als universale Normen*, Marburg 2002. Vgl. auch die Beiträge in: *Philosophie der Menschenrechte*, hrsg. von St. Gosepath, Frankfurt a. M. 1998.

gend sind, auch dann, wenn das betroffene Mädchen und seine Eltern in die Verstümmelung einstimmen. Kulturelle Normen, die die kollektive Praxis über eine lange Zeit prägen, lassen sich von den Mitgliedern der betreffenden Gemeinschaft in der Regel je individuell kaum in Frage stellen. Der wesentliche Grund dafür ist, dass eine Infragestellung, ja erst recht der offene Widerstand, die Person außerhalb der jeweiligen Gemeinschaft stellen würde. Man kann in solchen Fällen von kulturellen Praktiken sprechen, die *gemeinschaftskonstitutiv* sind, d. h. die den Zusammenhalt der Gemeinschaft bestimmen. Auch die Aristotelische Konzeption der Zivilreligion betont diese gemeinschaftskonstitutive Rolle religiöser Riten, die ganz unabhängig von ihrem religiösen Gehalt eine strenge Bestrafung derjenigen erforderlich macht, die an diesen Riten nicht teilnehmen. Für Aristoteles ist es nicht das unverzichtbare religiöse Wissen, das diese Praktiken begründet, welches ihre normative Geltung ausmacht, sondern allein ihre gemeinschaftskonstitutive Rolle. Das menschliche Individuum, das sich solchen gemeinschaftskonstitutiven Praktiken widersetzt, stellt sich außerhalb dieser Gemeinschaft.

Der Universalismus von Menschenwürde und Menschenrechten bewirkt, dass die Kritik an menschenunwürdigen kulturellen Praktiken nicht nur normativ zulässig, ja vielmehr geboten ist, sondern bereitet darüber hinaus den Boden für die Konkurrenz von lokaler und universaler sozialer Ausschließung. Lokal sind diejenigen von Ausschließung bedroht, die sich gegen die lokal etablierten menschenunwürdigen kulturellen Praktiken wenden. Eine Gemeinschaft, die bestimmte menschenunwürdige kulturelle Praktiken zu ihren Konstituentien macht, ist aber selbst von Ausschließung bedroht. Die Repräsentanten der betreffenden Gemeinschaft müssen sich vor einer internationalen kritischen Öffentlichkeit Vorhaltungen machen lassen, ihre politische Legitimation wird erschüttert.

John Rawls hat in seinem völkerrechtlichen Entwurf *The Law of Peoples*[72] die entsprechenden Unterscheidungen substantiiert.

Der Universalismus von Menschenwürde und Menschenrechten konstituiert auch unabhängig von transnationalen und globalen Institutionen ein Weltbürgertum.[73] Dieses Weltbürgertum ist von mehr geprägt als lediglich von der Loyalität zu bestimmten Kodizes der Menschenrechte.[74] Wir hatten in § 3 für eine Verkoppelung von Menschenwürde und Individualrechten argumentiert. Wir sehen nun, dass die Kritik menschenunwürdiger Praktiken die universelle Geltung bestimmter Individualrechte voraussetzt. Individuelle Verantwortung und universelle Geltung bedingen einander. Erst das Bewusstsein der universellen Geltung einzelner Grundrechte ermöglicht es auch dem einzelnen Individuum, sich gegen entwürdigende kulturelle Praktiken zur Wehr zu setzen. Während Selbstachtung zunächst nur einen Begriff des individuellen Rechts voraussetzte, der auch mit einer lediglich lokalen, regionalen oder kulturellen Geltung vereinbar war, führt uns das Postulat, dass Kritik auch an gemeinschaftskonstitutiven menschenunwürdigen, kulturellen Praktiken möglich sein muss, zur These universeller Geltung bestimmter individueller Rechte, *eben zur These der Existenz von Menschenrechten*, obwohl deren normativer Gehalt, wie wir gesehen haben, über den Menschenwürdeschutz dann weit hinauswächst.

72 Vgl. John Rawls, *Collected Papers*, hrsg. von S. Freeman, Cambridge (Mass.) ²1999, Kap. 24.

73 Vgl. Otfried Höffes Plädoyer für eine Weltrepublik: *Demokratie im Zeitalter der Globalisierung*, München 1999.

74 Vgl. *Menschenrechte, Dokumente und Deklarationen*, hrsg. von der Bundeszentrale für Politische Bildung, Bonn 1999, und die philosophischen Beiträge in: *Die Idee der Menschenrechte*, hrsg. von St. Shute und S. Hurley, Frankfurt a. M. 1996, und *Anderssein, ein Menschenrecht. Über die Vereinbarkeit universaler Normen mit kultureller und ethnischer Vielfalt*, hrsg. von H. Hoffman und D. Kramer, Weinheim 1995.

Das Spannungsfeld zwischen Kritik und Gemeinsinn[75] ist damit abgesteckt: Ein Menschenwürdebegriff, der sich vom empirischen Phänomen der Beschädigung von Selbstachtung vollständig absondern würde, wäre grenzenlos. Ein solcher Begriff wäre der Willkür unterschiedlicher normativer Theoriekonstruktionen weltanschaulicher und religiöser Prägungen ausgeliefert. Ein substantieller Menschenwürdebegriff bezieht sich auf Demütigung und Selbstachtung. Was demütigend ist, lässt sich zunächst daran bestimmen, was als demütigend *empfunden* wird. Da moralische Gefühle wie die der Demütigung aber selbst begründet oder unbegründet sein können, ist das empirische Fundament allein nicht ausreichend zur Bestimmung von Demütigung und Selbstachtung und damit zur Bestimmung von Menschenwürde. Es bedarf einer *normativen Rekonstruktion*: Sie wird ausgehen von unseren lebensweltlichen moralischen Intuitionen, was wir in einer reflexiven und kontemplativen Beurteilungssituation für begründet und für unbegründet halten. Wir werden abstrahieren von Fällen, in denen eigene Eitelkeiten im Spiel sind, in denen das Urteil durch Hass oder Liebe verzerrt ist, in denen es um politische Macht und Ohnmacht, um wirtschaftliche und andere Interessenlagen geht. Wir werden den Standpunkt des unparteilichen Beobachters einnehmen, der von seiner eigenen Situierung so weit als möglich abstrahiert, der versucht, sich auf der Basis aufgeklärter moralischer Intuitionen ein Urteil zu bilden.

Dies ist ein keineswegs ungewöhnliches Vorgehen in der praktischen Philosophie. So kann etwa die Rationalitätstheorie ebenfalls nicht in der Weise entwickelt werden, dass sie sich auf Prinzipien stützt, die als selbstevident gelten und deren Deduktionen dann bestimmen, was im einzelnen Fall als rational zu gelten hat. Sondern sie muss ausgehen von dem, was wir in paradigmatischen Situatio-

75 Vgl. Michael Walzer, *Interpretation and Social Criticism*, Cambridge (Mass.) 1990.

nen für vernünftig halten, Inkohärenzen aufdeckend und behebend, und Schritt für Schritt zu einer systematischen, d. h. mit möglichst wenigen Grundbegriffen und Regeln auskommenden, aber zugleich erklärungsstarken Theorie vordringen. Die wechselseitige Verschränkung der *Empirie des lebensweltlichen normativen Urteils* einerseits und der abstrakten Prinzipien, die das Gesamt des normativen Urteilens systematisieren, andererseits – diese Abgleichung an wohlbedachten moralischen Intuitionen, wie es John Rawls in seiner Theorie des *reflective equilibrium*[76] in besonders eindringlicher Form vorgeführt hat, ist für alle Bereiche normativer Theoriebildung unverzichtbar. Es gibt eine Verschränkung von Empirie und Normativität, die nur auf Kosten der Begründbarkeit und der Wirksamkeit einer ethischen Theorie aufgelöst werden könnte.

Diese Verschränkung von Empirie des lebensweltlichen moralischen Urteils und ethischer Theoriebildung hat allerdings zur Folge, dass die kulturellen Situierungen normativ relevant bleiben. Heruntergebrochen auf die Theorie der Menschenwürde heißt dies, dass das, was tatsächlich als entwürdigend empfunden wird, nicht nur ein empirisches Faktum neben anderen ist, sondern Prüfstein für die normative Theorie der Menschenwürde bleibt. Mit anderen Worten: Immer dann, wenn die Empirie der Demütigung und der Selbstachtung in Konflikt gerät mit der normativen Theorie der Menschenwürde, liegt die Beweislast beim Theoretiker. Er muss dartun, warum bestimmte kulturelle Praktiken, die nicht als entwürdigend empfunden werden, dennoch die Menschenwürde verletzen. Ohne anthropologische Elemente wird eine solche Argumentation keinen Erfolg haben. Martha Nussbaum hat in Anlehnung an

76 Vgl. John Rawls, »Outline of a Decision Procedure for Ethics« (1951), in: J. R., *Collected Papers*, hrsg. von S. Freeman, Cambridge (Mass.) ²1999, S. 1–19, und *A Theory of Justice*, Cambridge (Mass.) 1971, § 4 und § 9, sowie »The Independence of Moral Theory« (1975), in: *Collected Papers*, a. a. O., S. 286–302.

Aristoteles ein schönes Beispiel für eine solche anthropologische Theorie, die die normative Kritik eines universell verstandenen Begriffs von Menschenwürde erst substantiiert, vorgeführt.[77] Basis ihrer Argumentation ist eine Liste elementarer menschlicher Fähigkeiten, deren Entfaltung ein gutes Leben ausmacht. Eine anthropologische Theorie aber kann nie lediglich normativ sein, sie kann nicht das, was den Menschen eigentlich ausmacht, ganz unabhängig von jeder Empirie bestimmen. Sie muss anknüpfen an das, was menschliches Leben bestimmt, welche Fähigkeiten im Menschen *de facto* angelegt sind, welches Leben – *de facto* – als gut empfunden wird. In einer anthropologischen Theorie, die einen universellen Begriff der Menschenwürde erst substantiiert, gehen normative und empirische Elemente gleichermaßen ein. Oder in anderen Worten: Es muss grundsätzlich empirisch möglich sein, das als gut bestimmte menschliche Leben wenigstens annäherungsweise zu realisieren.

§ 5
Individualismus

Demütigung und Selbstachtung – und damit der Begriff der menschlichen Würde – sind an das menschliche Individuum gebunden. Niemand hat Grund, sich als Individuum gedemütigt zu fühlen, weil ein anderes Individuum der Gemeinschaft, der er angehört, gedemütigt wurde. Genauso wenig hat jemand Grund stolz zu sein, weil ein anderes Mitglied der Gemeinschaft, der er sich zugehörig fühlt, Besonderes geleistet hat.[78] Wenn ein Mitglied der eigenen Familie im 18. Jahrhundert ein abscheuliches Ver-

77 Vgl. Martha Nussbaum, *Gerechtigkeit oder das gute Leben*, Frankfurt a. M. 1999.

78 In diesem Punkt – Individualismus – besteht der deutlichste Kontrast zu Avishai Margalit, *The Decent Society*, Cambridge 1996, vgl. bes. Kap 4.

brechen begangen hat, dann gibt es keinen Grund, deswegen Scham zu empfinden. So politisch opportun solche Art Kollektivschuld gelegentlich erscheinen mag, der Kollektivismus, der in solchen irrationalen Identifikationen zum Ausdruck kommt, ist selbst eine Gefährdung menschenwürdigen Umgangs. Die Menschenrechtsverletzungen, die im Bürgerkrieg auf dem Balkan in großem Umfange vorkamen, hatten vor allem mit dieser Form des irrationalen Kollektivismus zu tun. (Fast) jeder Albaner wurde für Verbrechen, die andere Albaner begangen hatten, von (fast) jedem Serben verantwortlich gemacht und umgekehrt. Auch die Erschießung von Zivilpersonen als Reaktion auf Anschläge der Résistance, eine noch im Zweiten Weltkrieg völkerrechtlich akzeptierte Praxis, beruht auf einer kollektivistischen Konzeption von Verantwortung und Schuld.

Ein angemessener normativer Begriff von Menschenwürde ist konsequent individualistisch.[79] Damit wird nicht geleugnet, dass Empfindungen, die auf der einen oder anderen Form des Kollektivismus, sei es in Gestalt kultureller, rassischer, ethnischer, nationaler, regionaler oder anderer Identifikationen, beruhen, weit verbreitet sind. Das macht sie aber nicht zu begründeten (rationalen) Empfindungen. Manche irrationale »Kollektivismen« sind harmlos: die stolzen Fernsehzuschauer, die beobachten, wie »ihre« Mannschaft gerade gewinnt; die Tränen, die bei denen vergossen werden, deren Mannschaft gerade verliert. Diejenigen, die diese Empfindungen haben, werden meist wissen, dass es sich um nicht wirklich begründete Gefühle handelt. Wenn man sie fragt, was sie denn geleistet hätten, was ihnen Grund gäbe, stolz zu sein, so werden sie – rationalerweise – antworten: »Natürlich nichts, ich habe gar nichts dazu beigetragen, dass ›unsere‹ Mannschaft gewonnen hat. Dies ist vor allem Oliver Kahn und einem gütigen

79 Zum Individualismus im Recht generell vgl. die Analyse von Dietmar von der Pfordten, *Rechtsethik*, München 2001, Kap. 6–8.

Schiedsrichter zu verdanken, vielleicht dem Trainer und dem Rest der Mannschaft …«. Man kann traurig sein oder sich freuen, weil irgendein Ereignis, auf das man keinen Einfluss hatte, eintrat. Aber man kann keinen begründeten Stolz oder eine begründete Scham empfinden wegen eines Ereignisses, auf das man keinen Einfluss hatte.[80] Der kantische Begriff *Menschenwürde* ist in diesem Sinne konsequent individualistisch: Die menschliche Würde ist Ausdruck der besonderen Fähigkeit der Menschen, moralisch, d. h. allein aus Achtung vor dem Sittengesetz, zu handeln. Der Mensch ist in seinem Handeln insofern frei, als er sich selbst die subjektiven Handlungsregeln (Maximen) auferlegt und prüfen kann, ob diese verallgemeinerbar sind. Der kategorische Imperativ bestimmt das Pflichtgemäße aus Respekt vor der Autonomie menschlichen Handelns und menschlicher Existenz. Dabei ist es allein schon die *Fähigkeit* zum autonomen Handeln, wodurch ein Individuum zum Träger menschlicher Würde wird. Dieses Individuum muss nicht der Spezies Mensch angehören, entscheidend ist, dass es autonom, d. h. vernünftig und frei handeln kann.

Die moralische Pflicht, nicht zu demütigen, die moralische Pflicht, die Selbstachtung eines Individuums nicht zu beschädigen, erstreckt sich nur auf denjenigen Kreis von Individuen, die gedemütigt werden können, deren Selbst-

80 An dieser Stelle könnte ein Missverständnis entstehen, auf das mich Ralf Stoecker und Bernd Ladwig hingewiesen haben. Deswegen sei klargestellt, dass mit diesem Plädoyer für einen konsequenten Individualismus korporatives oder kollektives Handeln, konstituiert durch kooperative Einstellungen und Wir-Intentionen, keineswegs ausgeschlossen ist. Insofern gibt es eine individuelle Verantwortlichkeit, die über die kausalen Wirkungen des eigenen Handelns hinausgeht. Dies spielte auch schon in § 3 des dritten Essays eine Rolle. Dass kooperative Intentionen (*we-intentions*) im Rahmen eines konsequenten Individualismus begrifflich gefasst werden können, hat Raimo Tuomela gezeigt, in: *The Importance of Us: A Philosophical Study of Basic Social Notions*, Stanford 1995, vgl. dazu auch Julian Nida-Rümelin, »Wir-Intentionen und die Logik kollektiver Entscheidungen«, in: *Analyse und Kritik* 8 (1986), S. 96–108.

achtung beschädigt werden kann. Die mit der Menschenwürde korrespondierenden Menschenrechte machen nur Sinn bezüglich der Individuen, die gedemütigt werden können und deren Selbstachtung beschädigt werden kann. Das universelle Ethos der Menschenwürde als ein globaler normativer Grundkonsens lässt sich nur aufrechterhalten und es wird seine Wirksamkeit und seine Begründungskraft nur bewahren, wenn es nicht durch leichtfertige Überdehnung gefährdet wird. Es gibt einen klaren, explizierbaren Begriff der Menschenwürde, wie ich zu zeigen versucht habe. Dieser Begriff kann mit Hilfe der kantischen[81] oder der Margalitschen Ethik substantiiert werden, aber er kann sich auch auf aristotelische Theorieelemente beziehen, wie bei Martha Nussbaum. Wichtig ist jedoch, dass der Begriff der Menschenwürde substantiell bleibt, damit er nicht dem Spiel politischer Interessen und weltanschaulicher Konflikte ausgesetzt ist.

Aber beschränken wir damit nicht den Bereich strenger moralischer Pflichten und moralischer Rechte auf den Teil der Menschheit, der zur Selbstachtung befähigt ist, schließen wir auf diese Weise nicht Embryonen[82] und schwer geistig Behinderte als Träger von Menschenwürde aus? Die Antwort lautet: »Ja und Nein«. Ja insofern, als in die-

81 Vgl. Guido Löhrer, *Menschliche Würde. Wissenschaftliche Geltung und metaphorische Grenze der praktischen Philosophie Kants*, Freiburg i. Br. / München 1995.

82 Vgl. die Beiträge in *Der moralische Status menschlicher Embryonen*, hrsg. von G. Damschen und D. Schönecker, Berlin / New York 2003; Jürgen Habermas, *Die Zukunft der menschlichen Natur. Auf dem Weg zur liberalen Eugenik?*, 4. erw. Aufl. Frankfurt a. M. 2002; Reinhard Merkel, *Forschungsobjekt Embryo. Verfassungsrechtliche und ethische Grundlagen der Forschung an menschlichen embryonalen Stammzellen*, München 2004, bes. Kap. 3; Michael Quante, *Personales Leben und menschlicher Tod*, Frankfurt a. M. 2002, bes. Kap. 3; Volker Gerhardt, *Ein Mensch wird geboren: Kleine Apologie der Humanität*, München 2001, bes. Kap. 2, und *Die angeborene Würde des Menschen*, Berlin 2004; Anton Leist, *Eine Frage des Lebens*, Frankfurt a. M. / New York 1990, bes. Kap. 5, sowie die Beiträge in: *Wie bestimmt man den moralischen Status von Embryonen?*, hrsg. von W. Lenzen [u. a.], Paderborn 2003.

sem hier spezifizierten Sinne weder Embryonen noch geistig schwer Behinderte noch Säuglinge Träger von Menschenwürde sein können, da ihnen die Fähigkeit zur Selbstachtung abgeht. Nein, weil daraus keineswegs folgt, dass Embryonen, geistig schwer Behinderte oder auch Säuglinge ihren intrinsischen moralischen Status verlören. Letztlich liegt der Grund darin, dass sich das Gesamt der moralischen Beurteilung eben nicht auf das Prinzip der Unantastbarkeit menschlicher Würde reduzieren lässt. Das gilt schon für das Tötungsverbot, die Unantastbarkeit des menschlichen Lebens, das für eine deontologische Ethik, wie ich sie vertrete, einen zentralen Stellenwert hat.[83] Individuelles menschliches Leben ist nicht wechselseitig »verrechenbar«. Die Tötung einer Person kann nicht allein dadurch gerechtfertigt werden, dass damit das Leben anderer Personen gerettet wird: Ein Unschuldiger darf auch dann nicht zur Abschreckung exekutiert werden, wenn die Öffentlichkeit annimmt, er sei schuldig, und rational erwartet werden kann, dass durch diese Exekution mehr als ein Totschlag oder Mord verhindert wird. Eine unschuldige Person darf nicht getötet werden, auch wenn die Konsequenzen dieser Tötung »positiv« sind, weil dann mehr Menschen fortleben können. Man kann diesen deontologischen normativen Sachverhalt auch als den des *absoluten Wertes menschlichen Lebens* charakterisieren. Auch die Menschenwürde hat einen absoluten Wert in dem gleichen Sinne der *Nicht-Verrechenbarkeit*. Die Demütigung einer Person wird nicht dadurch gerechtfertigt, dass damit die Demütigung anderer Personen verhindert werden kann. Demütigung von Personen, d. h. dieser Handlungstypus, ist – kategorisch – verboten.

Dass diese absolutistische deontologische Position pragmatische Grenzen hat, die etwa in der Theorie des gerechten Krieges diskutiert werden, liegt auf der Hand.

83 Vgl. Julian Nida-Rümelin, »Ethik des Risikos«, in: *Angewandte Ethik*, hrsg. von J. N.-R., Stuttgart 1996.

Man kann dann von *konsequentialistischen Abschwächungen* sprechen, die es erlauben, im Einzelfall Leben um anderer Leben willen zu opfern. Für unsere Argumentation wichtig ist hier allein die Feststellung, dass trotz der gleichermaßen absoluten Geltung sowohl des Lebensschutzes wie der Menschenwürde das eine sich auf das andere nicht zurückführen lässt bzw. dass das eine Prinzip sich vom anderen Prinzip nicht ableiten lässt. Nicht jede – moralisch unzulässige – Tötung eines Menschen verletzt dessen Menschenwürde. *A fortiori* gilt dies für andere deontologische Normen, die in unterschiedlichen Kodizes der Menschen- und Bürgerrechte aufgeführt werden: das Recht auf körperliche Unversehrtheit oder die in Art. 5 GG garantierte Forschungsfreiheit lassen sich nicht aus einem Prinzip der substantiellen Menschenwürde deduzieren. Aus einer ethischen Perspektive kann gar kein Zweifel bestehen, dass es inadäquat wäre, das Gesamt der moralischen Beurteilung auf ein einziges vermeintliches Grundprinzip, nämlich das des absoluten Menschenwürdeschutzes zurückzuführen. Die moralische Komplexität ist zu hoch, als dass eine solche Begründungsstrategie Erfolg haben könnte.[84]

Der Vorzug eines substantiellen Begriffes von Menschenwürde ist, dass er in begründenden Argumenten eine wesentliche Rolle spielen kann. Manche werden es allerdings als Nachteil einer solchen Begrifflichkeit empfinden, dass der beliebigen Berufung auf Menschenwürde mit einer substantiellen Begriffsbestimmung ein Riegel vorgeschoben wird. Dem *Rationalitätsgewinn* steht ein *Ambiguitätsverlust* gegenüber. Mit diesem Ambiguitätsverlust korrespondiert eine Distanzierung vom juridischen Gebrauch des Menschenwürdebegriffs. Dies beinhaltet zweifellos ein ernst zu nehmendes Problem, da eine enge Verbindung

84 Vgl. dazu Julian Nida-Rümelin, »Humanismus ist nicht teilbar«, Süddeutsche Zeitung, 3. Febr. 2001, abgedr. in: Ders., *Ethische Essays*, Frankfurt a. M. 2002, S. 463–469.

ethischer und juridischer Argumentationen für die Wirksamkeit und die Akzeptanz des gegebenen Rechts wichtig ist. Die Forderung, den ethischen Sprachgebrauch auch dem juridischen anzupassen und d. h. hier, die spezifischen Ambiguitäten des juridischen Sprachgebrauches in den ethischen zu übernehmen, hätte allerdings zur Folge, dass wir eine *nationalstaatliche* Ethiktradition begründen müssten. Dies wird dem Selbstverständnis der Ethik als einer philosophischen Disziplin nicht gerecht. Diese kennt keine nationalstaatlichen Grenzen. Die von ihr entwickelten Kriterien beanspruchen *universelle Gültigkeit*, die jede Rechtsordnung transzendiert. Ein Zuschnitt der philosophischen Ethik in Deutschland auf die Spezifika der bundesdeutschen Rechtstradition würde zwangsläufig in einer Sackgasse enden. Im angelsächsischen Recht spielt das Prinzip des Menschenwürdeschutzes keine oder nur eine untergeordnete Rolle. In der Verfassung der Vereinigten Staaten von Amerika kommt der Terminus *Menschenwürde* (*dignity of man*, *human dignity*) überhaupt nicht vor. Eine auf die deutsche Rechtsordnung zugeschnittene ethische Begrifflichkeit würde die in Deutschland betriebene philosophische Ethik international isolieren. Der »Streit der Fakultäten« hier zwischen philosophischer Ethik und deutschem Recht, muss also ausgehalten und in einen konstruktiven Dialog überführt werden. Der Oktroi juridischer Begrifflichkeit gegenüber philosophischer Ethik kann nicht die Essenz dieses interdisziplinären Dialoges sein.

Um es noch einmal ganz klar zu sagen: Die Tatsache, dass ein menschliches Individuum zur Selbstachtung nicht befähigt ist, dass damit gilt, dass es nicht gedemütigt werden kann und dies wiederum impliziert, dass in einem substantiellen Sinne seine Menschenwürde nicht in Frage steht, impliziert nicht, dass dieses menschliche Individuum schlechter behandelt werden darf als solche menschlichen Individuen, die zur Selbstachtung befähigt sind, die gedemütigt werden können, bei denen also die Menschenwürde in Frage steht. Diese Implikation wäre nur dann begründet, wenn das Verbot, andere zu demütigen, das einzige verbindliche ethische Kriterium wäre. Dem ist aber keineswegs so. So haben wir strenge moralische Pflichten, die z. B. darin bestehen, niemandem unnötig Schmerzen zuzufügen und erst recht niemandem das Leben zu nehmen. Wir haben Hilfspflichten gegenüber Schwächeren, wir haben Elternpflichten gegenüber unseren Kindern. Wir haben Verantwortung für zukünftige Generationen.

Wer die Reduzierbarkeit aller normativen Kriterien auf das der Unverletzlichkeit der Menschenwürde erreichen möchte, der wäre gezwungen einen ganz anderen Menschenwürdebegriff zu entwickeln, der alle Aspekte der normativen Beurteilung beinhaltete. Ein solcher Begriff wäre in weiten Grenzen interpretierbar und dehnbar und er würde seine Begründungskraft und Wirksamkeit weitgehend einbüßen. Ein solcher Begriff würde das universelle Ethos der Menschenwürde und der Menschenrechte gefährden und die politische, ideologische und weltanschauliche Imprägnierung verstärken. Eine solche Entwicklung ist nicht auszuschließen, aber eine verantwortungsvolle philosophische und politische Ethik sollte ihr nicht den Weg bereiten.

§ 6
Menschenwürde und Freiheit

Mit dem Begriff und der normativen Rolle von Menschenwürde, die auf Selbstachtung begründet ist, ist eine Position skizziert, die man als ethischen Humanismus bezeichnen kann. Die Befähigung zur Selbstachtung spielt für den ethischen Humanismus eine zentrale Rolle, in der sich allerdings das Gesamt der ethischen Beurteilungen nicht erschöpft. Nur so mutiert der ethische Humanismus nicht zu einem ethischen Rationalismus, für den lediglich Vernunftwesen moralisch relevant sind. Die auf Selbstachtung gegründete Menschenwürde bildet gewissermaßen ein Zentrum ethischer Begründungen aus. Es handelt sich um ein Zentrum in folgenden Hinsichten: (a) Ethische Begründungen, die auf Menschenwürde rekurrieren, sind Ausdruck unseres menschlichen Selbstbildes; (b) ihre Zurückweisung würde das Gesamt unserer moralischen Gefühle und Reaktionen in Frage stellen; (c) ihre universelle Geltung ist dem Begründungsmodus imprägniert.

Was begründet Achtung und Selbstachtung? Für Immanuel Kant ist es die besondere Fähigkeit, autonom zu handeln, d. h., sich an selbst auferlegte Regeln zu halten und nur solche Regeln zur Richtschnur zu nehmen, die universalisierbar sind. Eine Regel ist universalisierbar, wenn sie allgemein befolgt werden kann. Die von Kant gebrauchte Wendung, »handle nur nach derjenigen Maxime, durch die du zugleich wollen kannst, dass sie ein allgemeines Gesetz werde«,[85] stellt ein schärferes Kriterium der Universalisierung dar, weil eine Regel, die allgemein befolgt werden kann, nicht zwingend auch eine Regel ist, deren allgemeine Befolgung ich wünsche. Subjektive Handlungsregeln, die bei allgemeiner Befolgung sich selbst aufheben, wie z. B. die Regel, nur dann ein Versprechen zu halten, wenn es mir zum Vorteile dient, kann ich *a fortiori* nicht als allgemeines Gesetz wollen, aber zweifellos kann es Regeln geben, deren allgemeine Befolgung möglich ist, ohne dass ich die allgemeine Befolgung wollen kann. Die Kantische Freiheit besteht darin, nicht lediglich das zu tun, was den eigenen Neigungen, die gerade dominieren mögen, entspricht, sondern sich wenigstens so weit zu distanzieren, dass die Befolgung dieser Neigungen nur in den Grenzen stattfindet, die es einem selbst und allen anderen Menschen (bzw. genauer: Vernunftwesen) ermöglichen, ihr ei-

85 Immanuel Kant, *Grundlegung zur Metaphysik der Sitten* [1785].

genes Leben zu leben. Die Freiheit, den eigenen Neigungen zu folgen, findet dort ihre Grenze, wo die Freiheit Anderer, ihren Neigungen zu folgen, beeinträchtigt würde. Vernünftig leben und handeln heißt, sich innerhalb derjenigen Strukturen der Verständigung und der Interaktion zu bewegen, die Ausdruck der Achtung gegenüber anderen und der Selbstachtung sind.

Der Kantische Dualismus zwischen Neigung und Vernunft, zwischen pragmatischen und moralischen Imperativen wird obsolet, wenn man sich die Vielfalt guter Handlungsgründe vor Augen führt. Auch solche Gründe, die im Sinne Kants als pragmatische gelten müssten, d. h. die auf mein eigenes Wohlergehen gerichtet sind, müssen Kohärenzbedingungen erfüllen, um gute Handlungsgründe zu sein. Meine eigenorientierten Wünsche in der Zeit müssen in einem plausiblen strukturellen Zusammenhang stehen, um mir ein gutes Leben zu ermöglichen. Die Forderungen intrapersoneller Koordination korrespondieren mit entsprechenden Forderungen interpersoneller Koordination. Mein Handeln ist – wenn es denn wirklich Handeln und nicht bloßes Verhalten darstellt – immer von der Abwägung von Gründen geprägt. Es sind nie meine Neigungen allein, die mich zu einer bestimmten Handlung veranlassen.[86] Der Kern der kantischen Vernunftkonzeption, nämlich die Fähigkeit des Menschen, sich von Gründen affizieren zu lassen, scheint mir aber dadurch nicht obsolet zu werden. Die Augenblicksneigungen kontrollieren zu können, ist unabdingbare Voraussetzung für ein gutes Leben, das durch Selbstachtung und durch die Achtung gegenüber anderen geprägt ist.

Die Freiheit, die für ein Leben in Selbstachtung und in Achtung gegenüber anderen unverzichtbar ist, nennen wir sie die ›kantische Freiheit‹, verlangt, dass das Abwägen von Gründen für unser Handeln und Urteilen autonom

86 Vgl. dazu detaillierter Julian Nida-Rümelin, *Strukturelle Rationalität*, Stuttgart 2001.

und nicht heteronom ist, dass mein Handeln und Urteilen das Ergebnis eigener Abwägung ist und nicht lediglich kausale Folge von Vorprägungen genetischer und biographischer Art sowie von Umweltbedingungen. Die kantische Freiheit, die wir für ein Leben in Selbstachtung und in Achtung gegenüber Anderen voraussetzen müssen, ist mit einer vollständigen naturalistischen Determination unseres Handelns und unseres Urteilens unvereinbar. Die konstitutive Freiheit ist die der naturalistischen Unterbestimmtheit unserer Handlungs- und Urteilsgründe sowie die Fähigkeit, das Handeln und Urteilen an der Abwägung theoretischer und praktischer Gründe zu orientieren. Freiheit, als naturalistische Unterbestimmtheit von Gründen interpretiert, ist Bedingung von Achtung und Selbstachtung, ist Bedingung von Menschenwürde.

Bei manchen zeitgenössischen Theoretikern wird diese kantische Freiheit existentialistisch radikalisiert. Dies gilt nicht nur für Jean-Paul Sartre, sondern auch für Avishai Margalit, für den die menschliche Fähigkeit, »dem eigenen Leben zu jedem beliebigen Zeitpunkt eine völlig neue Deutung zu geben und es dadurch radikal zu ändern«, Gefühle der Achtung und der Selbstachtung erst begründet.[87] »Noch die übelsten Verbrecher verdienen Achtung allein auf Grund der Möglichkeit, dass sie ihr vergangenes Leben radikal in Frage stellen und den Rest ihres Lebens auf würdige Weise verbringen könnten«. »Achtung ist dem Menschen nicht dafür zu zollen, in welchem Grad er sein Leben tatsächlich zu ändern vermag, sondern allein für die Möglichkeit der Veränderung. Achtung vor dem Menschen bedeutet daher auch, niemals jemanden aufzugeben, da alle Menschen fähig sind ihrem Leben eine entscheidende Wendung zum Besseren zu geben«.[88]

87 Vgl. Avishai Margalit, *Politik der Würde. Über Achtung und Verachtung*, Frankfurt a.M. 1999, S. 92.
88 Ebd.

Dies ist zweifellos ein stärkerer Begriff von Freiheit als der, den ich für unverzichtbar halte, um Achtung und Selbstachtung zu begründen. Naturalistische Unterbestimmtheit unserer praktischen und theoretischen Gründe und die Fähigkeit, sich am Ergebnis der Abwägung von Gründen in seinem Handeln und Urteilen zu orientieren, impliziert nicht, dass radikale Freiheit möglich ist, dass ich meinem Leben zu jedem Zeitpunkt eine radikale Wendung geben kann, dass ich mich selbst neu interpretieren und mich von dem, was meine Biographie geprägt hat, vollständig lösen kann. Camus steht mir hier näher als Sartre oder auch Margalit. Meine *Freiheit ist bedingt*, sie ist nicht unbedingt: Die Lebenserfahrungen, aber auch die biographischen Forschungen der Psychologie legen nahe, dass der Selbsterfindung und dem radikalen Neubeginn enge Grenzen auferlegt sind.[89] Unsere Freiheit ist eine lediglich bedingte Freiheit: Das, was wir tun und meinen, ist nicht vollständig determiniert durch unser genetisches Erbe und das, was wir erlebt haben. Die Steuerung durch Gründe findet in den Grenzen statt, die durch unser genetisches Erbe und durch unsere biographischen Prägungen abgesteckt sind. Diese Grenze ist nicht trennscharf, und traumatische Erfahrungen äußern sich auch darin, dass die Grenzen neu abgesteckt werden. Schwere Lebenskrisen zwingen zur Reflexion und können damit neue Spielräume für die Affektion durch Gründe schaffen. Lebenskrisen können aber auch zu affektiven Störungen führen, die die Spielräume freien, d. h. durch Gründe geleiteten Handelns verengen.

Die in Jahrhunderten gebildete moralische Sprache und die Sprache des (Straf-)Rechts gründen nicht auf einer Chimäre der Freiheit, die naturwissenschaftlich längst als widerlegt gelten muss, sondern werden getragen von ei-

89 Für diese Einschätzung sprechen auch biographisch geprägte Berichte etwa zum Phänomen des Alkoholismus, vgl. z. B. Jürgen Heckel, *Sich das Leben nehmen*, München 2004.

nem komplexen Netzwerk moralischer Urteile und Empfindungen, Reaktionsweisen und Erwartungen. Wir trauen uns wechselseitig zu, dass wir uns von guten Gründen affizieren lassen, daher bringen wir Gründe vor, die für oder gegen eine Handlung, die für oder gegen eine Überzeugung sprechen. Wir achten uns als verantwortliche Individuen insofern, als wir uns wechselseitig zutrauen, guten Gründen folgen zu können. Wir achten uns selbst, weil wir uns selbst zutrauen, uns von guten Gründen leiten zu lassen. Wir wissen, dass wir den genetischen und biographischen Prägungen nicht entkommen, dass wir nur innerhalb dieser Prägungen Gründen zur Wirksamkeit verhelfen können. Wir wissen mit einem Wort, dass es diese für unsere Selbstachtung konstitutive Freiheit gibt und dass es sich um eine bedingte Freiheit handelt.

Nachwort

Die Fortschritte der Neurowissenschaft gerade in jüngster Zeit sind beeindruckend und versprechen ein wesentlich vertieftes Verständnis der materiellen Grundlagen menschlichen Fühlens, Räsonierens und Entscheidens. Gerade diejenigen Neurowissenschaftler, die selbst an der vordersten Front der Forschung stehen, betonen, dass trotz der beeindruckenden Fortschritte viele menschliche Gehirnvorgänge noch weitgehend ungeklärt seien. Wie andere erfolgreiche wissenschaftliche Disziplinen früherer Zeiten produziert die Neurophysiologie gegenwärtig einen *weltanschaulichen Überschuss*, der sich unter anderem in der Bestreitung menschlicher Freiheit, Verantwortungs- und Schuldfähigkeit äußert. So wie der im Gefolge der klassischen Physik auftretende Universaldeterminismus des 18. Jahrhunderts oder der im Gefolge der Darwinschen Revolution der Biologie auftretende soziologische und politische Sozialdarwinismus des 19. Jahrhunderts wird nach meiner Einschätzung auch diese Phase einer neurophysiologisch inspirierten Weltanschauung bei zunehmender Komplexität der Forschungsergebnisse wieder abflauen. Dennoch macht es Sinn, frühzeitig vor einer Ideologisierung zu warnen, und dies war eines der Motive für diese Essays. Ich habe mich in ihnen jedoch kaum je explizit mit der Behauptung einiger Neurowissenschaftler auseinandergesetzt, es sei nun empirisch gezeigt, dass es keine menschliche Freiheit gebe. Daher möchte ich im Nachwort einige wenige, aber wohl zentrale Aspekte dieser Kontroverse zwischen Neurowissenschaften und Philosophie aufgreifen und meine Auffassung dazu so kompakt wie möglich umreißen. Die in dieser Form unvermeidliche Vergröberung scheint mir hier deswegen zulässig, weil der Leser den Kontext meiner Argumentation aus den vorausgegangenen Texten kennt.

§ 1

In der jüngsten Debatte ist der Eindruck entstanden, hier stünden sich zwei Fakultäten gegenüber: die naturwissenschaftliche, speziell die neurophysiologische, auf der einen und die geisteswissenschaftliche, speziell die philosophische, auf der anderen Seite. Die eine Fakultät habe naturwissenschaftliche Belege, dass es keine Willensfreiheit gibt, und die andere verweigere sich diesen neuen Erkenntnissen und halte an einem alteuropäischen Menschenbild fest, das zwar liebenswert, aber nun überholt sei. Die eine Fakultät argumentiere empirisch und die andere sei einem cartesischen Denken verhaftet, das sich heute nach dem Stand unseres neurophysiologischen Wissens nicht aufrechterhalten lässt. Diese Gegenüberstellung vermittelt ein unzutreffendes Bild von der tatsächlichen wissenschaftlichen Lage. Ich habe meine Position des *theoretischen Humanismus*, wie er im ersten Essay umrissen wurde, in Auseinandersetzung mit Argumenten aus der Philosophie der vergangenen Dekaden entwickelt. Die Gegensätzlichkeiten, die dabei zu Tage treten, sind für sich schon ein Beleg dafür, dass es sich in dem Streit um die Existenz menschlicher Freiheit nicht um einen »Streit der Fakultäten« handelt, also nicht um einen Streit zwischen Philosophie und Neurowissenschaft. Die Mehrzahl der Philosophen, die sich mit dieser Thematik im 20. Jahrhundert auseinandergesetzt haben, versuchten menschliche Freiheit so zu bestimmen, dass sie sich nahtlos in ein Weltbild einfügt, das von einer deterministisch und kausalistisch verstandenen Naturwissenschaft geprägt ist. Der Cartesianismus, den manche Neurowissenschaftler der Philosophie insgesamt unterstellen, prägt eine kleine Minderheit der zeitgenössischen philosophischen Positionen.[90]

90 Entgegen mancher Karikatur vgl. A. R. Damasio, *Descartes' Error*, New York 1994.

§ 2

Die Libertären sind Non-Kompatibilisten, d. h., sie meinen, dass die Annahme, der Weltverlauf sei vollständig durch deterministische Gesetzmäßigkeiten bestimmt, mit der Existenz menschlicher Freiheit unvereinbar sei und zudem, dass es diese Freiheit gebe. Die wenigsten Libertären sind Cartesianer. Es empfiehlt sich nicht, Cartesianismus und Libertarismus in einen Topf zu werfen, wie es in der aktuellen Debatte oft geschieht. Der Libertarismus behauptet, dass vollständige Determination des Weltverlaufes unvereinbar mit menschlicher Freiheit sei und zugleich, dass es menschliche Freiheit gebe, womit er sich impliziter darauf festlegt, dass der Weltverlauf nicht vollständig von deterministischen Gesetzen bestimmt wird. Die deterministische – oder besser: naturalistische – Schule des Non-Kompatibilismus behauptet das Gegenteil: Sie ist sich zwar einig mit den Libertären, dass vollständige Determination des Weltverlaufes mit Willensfreiheit unvereinbar ist, bestreitet aber zugleich die Existenz menschlicher Freiheit. Der Weltverlauf sei durch deterministische und probabilistische Naturgesetze vollständig bestimmt und es gebe dementsprechend keine menschliche Freiheit. Diejenigen Neurophysiologen, die die Existenz menschlicher Freiheit bestreiten, nehmen einen naturalistischen und non-kompatibilistischen Standpunkt ein.

§ 3

Die Stellungnahmen philosophierender Neurowissenschaftler und die feuilletonistischen Kommentare erwecken fast durchgängig den Eindruck, als ob dies die fraglos gegebene Alternative sei: Determination oder Freiheit, d. h., es wird suggeriert, die aktuelle wissenschaftliche

Debatte setze den Non-Kompatibilismus voraus. Dies steht jedoch im Gegensatz zum Mainstream der zeitgenössischen Philosophie. Die allermeisten Philosophen sind nicht Non-Kompatibilisten, sondern Kompatibilisten, d. h., sie glauben, dass vollständige Determination mit menschlicher Freiheit vereinbar sei. Meine eigene Position lässt sich in diesem Spektrum philosophischer Positionen schwer einordnen. Sie ist in der Hinsicht zur Minderheitenposition des Libertarismus zu rechnen, als ich einen durch deterministische (auch probabilistische) naturwissenschaftliche Gesetze vollständig bestimmten Weltverlauf für unvereinbar mit substantieller menschlicher Freiheit halte. Andererseits ist sie in einer hybriden Weise kompatibilistisch, wie in der These epistemischer Unauffälligkeit und explikativer Vereinbarkeit im dritten Essay umrissen wurde.

§ 4

Der aktuelle Streit um die Existenz der Willensfreiheit krankt daran, dass meist ungeklärt bleibt, wie eine solche These denn überhaupt bewiesen oder widerlegt werden könnte. Von Seiten der Neurophysiologie wird z. B. angeführt, dass es keine zentrale Steuerungsinstanz im menschlichen Gehirn gäbe. Philosophen haben zurecht darauf erwidert, dass eine solche *homunculus*-Konzeption von niemandem in der Philosophie vertreten worden und dass darüber hinaus dieser empirische Befund für die Frage der Willensfreiheit ganz unerheblich sei. Wenn unsere Argumentation trägt, ließe sich ein solcher Nachweis nur in Gestalt der Vollständigkeit der neurophysiologischen Beschreibung erbringen, d.h. in dem empirischen Beleg, dass alles Handeln und Urteilen, alle deliberativen und emotionalen Vorgänge ohne Rest neurophysiologisch beschrieben, erklärt und prognostiziert werden können.

Dies anzunehmen ist gewiss ein gutes heuristisches Prinzip der Neurowissenschaften, aber damit ist die Annahme selbst keineswegs erwiesen.

§ 5

Zum Beweis der These, dass es keine Willensfreiheit gäbe, wird von manchen Neurophysiologen angeführt, dass das menschliche Gehirn ein streng deterministisches System sei, auf das der Probabilismus der mikrophysikalischen Ebene ebenso wenig durchschlage wie chaotische Prozesse.[91] Mir scheint, dass es für einen solchen Befund noch viel zu früh ist. Niemand kann heute sagen, ob mikrophysikalische Indeterminationen makrophysikalisch im Gehirn wirken und ob dabei Verstärkungsmechanismen, die aus der Chaostheorie bekannt sind, eine Rolle spielen. Die vollständige naturalistische Determination des zeitlichen Verlaufs des Hirnzustandes wäre erst dann belegt, wenn sich zeigen ließe, dass die genetische Ausstattung zusammen mit den Umwelteinwirkungen im Zeitverlauf den Hirnzustand zu jedem Zeitpunkt eindeutig festlegen. Jeder seriöse Wissenschaftler wird selbstverständlich einräumen, dass ein solcher Nachweis nach dem heutigen Stand unserer Kenntnisse nicht einmal annäherungsweise erbracht werden kann. In der Hochzeit der klassischen Physik in der zweiten Hälfte des 19. Jahrhunderts war die Wissenschaft einem ›Beweis‹ des naturalistischen Universaldeterminismus am nächsten. Es gibt zwar auch in der klassischen Physik Singularitäten, die die Ableitung von zeitlichen Verlaufsfunktionen aus den Newtonschen Gesetzen unmöglich machen, dennoch schien dieses Randphänomen das mathematisch elegante und geschlossene Weltbild der klassischen Physik nicht zu erschüttern. Eine Anomalie,

91 Vgl. P. Smith-Churchland, *Brain-Wise. Studies in Neurophilosophy*, Cambridge 2002.

wie die der Größe c in den Maxwell-Gleichungen, die nicht galileiinvariant war, konnte als Vorbote der Auflösung dieses Weltbildes in der speziellen und allgemeinen Relativitätstheorie, der Quantenphysik und der Elementarteilchenphysik noch nicht ernst genommen werden. Heute ist allgemein anerkannt, dass auch auf der Grundlage der Gesetze der klassischen Physik sich keine eindeutig festgelegten zeitlichen Verlaufsfunktionen komplexer Systeme ergeben. Dies ist nicht nur ein epistemisches Problem insofern, als sich die zeitlichen Verlaufsfunktionen schon in einer Welt mit zum Beispiel zehn Massepunkten, zwischen denen nur eine Wechselwirkung, sagen wir die Gravitationswechselwirkung, wirksam ist und deren Anfangsorte und Impulse vollständig bekannt sind, nicht berechnet werden kann, sondern auch ein ontologisches wegen der besagten Singularitäten und ihrer Verstärkung in chaotischen Prozessen. In den Dekaden seither ist es schwieriger, nicht einfacher geworden zu bestimmen, worin das wissenschaftliche Weltbild eigentlich besteht. Der Kausalitätsbegriff ist bei mikrophysikalischen Prozessen (jedenfalls in der klassischen Form, in der Kausalität mit deterministischen Gesetzen verbunden wird) nicht aufrechtzuerhalten. Schon elementare Anordnungen wie der Doppelspaltversuch sperren sich gegen eine durchgängige Kausalerklärung.

§ 6

Eine besonders merkwürdige und irrige Beweisführung bedient sich einer intentionalistischen Sprache, um hirnphysiologische Zustände zu beschreiben. Da ist davon die Rede, dass das Gehirn ›konsistente Zustände anstrebe‹, ›versuche Spannungen aufzulösen‹, ›Verarbeitungsprozesse zu koordinieren‹ und ›kohärente Interpretationen‹ der vielfältigen Sinnessignale zu geben. Das Gehirn nütze ›die zeitliche Dimension als Koordinierungsraum‹ und verwende ›präzise zeitliche Synchronisation als Code für die Zusammengehörigkeit neuronaler Antworten‹ usw.[92] Es sollte auf der Hand liegen, dass die Frage, ob das Abwägen von Gründen für das Handeln und Urteilen von Personen eine Rolle spielt oder ob es nur so scheint, nicht dadurch zu beantworten ist, dass die komplexen intentionalen Vorgänge in der Beschreibung hirnphysiologischer Prozesse dupliziert werden. Wenn sich mentale Ereignisse und Vorgänge in hirnphysiologischen realisieren oder, schwächer ausgedrückt, diese mit hirnphysiologischen korrespondieren, dann ist die Feststellung dieser Korrespondenz natürlich keine Widerlegung der Rolle von Intentionalität oder Deliberation. Die Kaskade von Argumenten, die hier vorgebracht wird,[93] ist geeignet, nur solche Positionen zu erschüttern, die in cartesischer Tradition meinen, dass mentale und speziell deliberative Prozesse unabhängig von hirnphysiologischen abliefen. Mir ist allerdings kein zeitgenössischer Philosoph bekannt, der eine solche Auffassung vertritt.

§ 7

Für die These, es gebe keine Willensfreiheit, wird von Neurophysiologen angeführt, dass wir »kein Problem mit der Einsicht [haben], dass tierisches Verhalten vollkom-

92 Vgl. Wolf Singer, »Selbsterfahrung und neurobiologische Fremdbeschreibung. Zwei konfliktträchtige Erkenntnisquellen«, MPI Hirnforschung, Frankfurt a. M. 2004, und ders., »Consciousness and the Binding Problem«, in: *New York Academy of Sciences* 929 (2001), S. 123–146.

93 Vgl. Gerhard Roth, *Fühlen, Denken, Handeln*, Frankfurt a. M. 2003; die Beiträge in *Freiheit des Entscheidens und Handelns*, hrsg. von M. von Cranach und K. Foppa, Heidelberg 1996; M. Pauen / G. Roth. *Neurowissenschaften und Philosophie*, München 2001. Vgl. auch die Dokumentation einer interdisziplinären Debatte um Willensfreiheit unter Beteiligung aller Klassen der Berlin-Brandenburgischen Akademie der Wissenschaften, *Debatte* 1: *Zur Freiheit des Willens*, Berlin 2004, deren Fortsetzung (am 1. Juli 2004) mit Wolf Singer und mir demnächst als Heft 3 dokumentiert wird.

men determiniert ist, dass die jeweils folgende Aktion notwendig aus dem Zusammenspiel zwischen aktueller Reizkonstellation und unmittelbar vorausgehenden Gehirnzuständen resultiert«, andererseits aber die Neurowissenschaften »Beweise dafür [liefern], dass menschliche und tierische Gehirne sich fast nicht unterscheiden, dass ihre Entwicklung, ihr Aufbau und ihre Funktionen den gleichen Prinzipien gehorchen. Da wir, was tierische Gehirne betrifft, keinen Anlass haben zu bezweifeln, dass alles Verhalten auf Hirnfunktionen beruht und somit deterministischen Gesetzen physiko-chemischer Prozesse unterworfen ist, muss die Behauptung der materiellen Bedingtheit auch auf den Menschen zutreffen.«[94] Dieses Argument ist schon deswegen irreführend, weil es ja gerade ein Spezifikum der Zuschreibung von Verantwortung an menschliche Personen ist, dass diese nur bei Vorliegen bestimmter Bedingungen angemessen erscheint. Sehr kleine Kinder können für nichts verantwortlich gemacht werden, Volltrunkene bestenfalls dafür, sich betrunken zu haben, psychisch Traumatisierte sind nur eingeschränkt verantwortlich, weil wir in diesen und anderen Fällen daran zweifeln, dass der betreffende Mensch in der Lage war, Gründe abzuwägen und sein Verhalten daran auszurichten. Zwischen einem mehr oder weniger betrunkenen Menschen besteht aber zweifellos eine Kontinuität, die jede Kontinuität zwischen etwa einem Makaken und einem Menschen übertrifft. Wir sind also in unseren lebensweltlichen Zuschreibungen von Rationalität, Freiheit und Verantwortung Gradualisten, es gibt ein Mehr oder Weniger an Rationalität, Freiheit und Verantwortung. Schon von daher verliert das Kontinuitätsargument jede Überzeugungskraft. Hinzu kommt, dass man sich fragt, ob wir wirklich ›wissen‹, dass auch die Hirne hochentwickelter

94 Wolf Singer, »Selbsterfahrung und neurobiologische Fremdbeschreibung«, MPI Hirnforschung, Frankfurt a. M. 2004, S. 4.

Säugetiere streng deterministische Systeme sind. Verhaltensbiologen haben umfangreiches Datenmaterial zusammengetragen, das eher gegen diese Annahme spricht. Es handelt sich hier erkennbar um ein Postulat, das eher metaphysisch als empirisch gestützt ist.

§ 8

Die meisten Neurophysiologen bekennen sich zu der einen oder anderen Form des erkenntnistheoretischen Konstruktivismus, wonach wir keinen Zugang zur Realität haben, sondern in unseren Wahrnehmungen und Meinungen abhängig davon sind, was unser im evolutionären Prozess entstandener, optimal angepasster Sinnesapparat uns vermittelt. Natürlich stellt sich hier sofort die Frage, ob die Begründung des Konstruktivismus nicht selbstaufhebend ist, denn schließlich werden empirische Daten in dieser Begründung angeführt, deren Verlässlichkeit und Objektivität vorausgesetzt wird. Aber auch unabhängig von der Selbstwidersprüchlichkeit des Konstruktivismus tendiert ein Teil der Neurophysiologie zu einer inkohärenten Position, die sich metatheoretisch zum Konstruktivismus bekennt und inhaltlich einem bisweilen geradezu naiven Realismus verhaftet bleibt. Noch etwas grundsätzlicher betrachtet scheint den Wenigsten klar zu sein, dass jeder, der am wissenschaftlichen Begründungsspiel teilnimmt (um es wittgensteinianisch auszudrücken), zumindest impliziter anerkennt, dass Gründe eine Rolle spielen,[95] dass es gute und schlechte Gründe dafür gibt, etwas anzunehmen – zum Beispiel gute und schlechte Gründe anzunehmen, dass es menschliche Freiheit gibt. Wenn diese Gründe nichts anderes wären als *ex post*-Rationalisierungen zu-

95 »Wissenschaft selbst ist die schönste Widerlegung einer wissenschaftlichen Negation des freien Willens«, so Jürgen Mittelstraß in: *Debatte* 1: *Zur Freiheit des Willens*, Berlin 2004, S. 17.

vor schon determinierter kausaler hirnphysiologischer Prozesse, dann wäre der Austausch von Argumenten Pro und Kontra ohne Witz, er wäre irrelevant.

§ 9

Eine wichtige Rolle für die These, es gebe keine Willensfreiheit, spielt eine reduktionistische Metaphysik, also die Annahme, alle mentalen Vorgänge seien nichts anderes als neurophysiologische, und die Erklärung neurophysiologischer Vorgänge ihrerseits sei in sich abgeschlossen. Es ist hier nicht der Ort, die schwierige wissenschaftstheoretische Problematik der Reduktion zu erörtern,[96] dennoch ist ein Caveat angebracht. Die Reduktion aller naturwissenschaftlichen Gesetzmäßigkeiten auf physikalische, wie sie noch Anfang des letzten Jahrhunderts in naher Zukunft erwartet wurde, ist nicht wesentlich vorangekommen, im Gegenteil: Die Vielfalt nomologischer Beschreibungen hat ebenso zugenommen wie die der Elementarteilchen. In den vergangenen Jahren hat es wesentliche Fortschritte im Bereich der probabilistischen Kausalitätstheorie gegeben, die den Kausalitätsbegriff endgültig von den deterministischen Verlaufsgesetzen ablösen. Diese Entwicklung lässt es geraten sein, mit dem Kausalitätsbegriff behutsam umzugehen und die enge Verkoppelung von Determinismus und Kausalität aufzugeben. Die Vermutung, dass die jeweiligen Hirnzustände vollständig durch ihre genetisch vorgegebene Organisation, durch epigenetische Einflüsse und durch Umwelteinflüsse sowie die unmittelbare Vorgeschichte determiniert seien, scheint mir vor diesem Hintergrund eher spekulative Metaphysik denn ein empirischer Befund zu sein. Die prognostischen Fähigkeiten der

96 Etwas ausführlicher habe ich mich damit in »Reduktionismus und Holismus«, in: *Technomorphe Organismuskonzepte*, hrsg. von W. Maier und Th. Zoglauer, Stuttgart-Cannstadt 1994, S. 25–46, auseinandergesetzt.

Neurophysiologie sind jedenfalls bis dato noch weit schwächer ausgeprägt als die unserer Alltagspsychologie. Das Verhalten eines Menschen auf Grund seines Hirnzustandes und der jeweils wirksamen Umweltbedingungen vorherzusagen, wird auf absehbare Zeit schwieriger sein als die Verhaltensprognose auf Grund gemachter Erfahrungen im alltäglichen Umgang und geteilten Orientierungswissens, zu dem das gehört, was im Englischen als *folk psychology* bezeichnet wird. Die Naturwissenschaften, einschließlich der Neurophysiologie, sind gegenwärtig jedenfalls noch weit davon entfernt, unsere Deliberationen, emotionalen Verfasstheiten und Handlungen im Zeitverlauf vollständig erklären und prognostizieren zu können. Da menschliche Freiheit nichts anderes ist als die naturalistische Unterbestimmtheit unserer Handlungs- und Urteilsgründe, kann diese Form der Freiheit nach dem heutigen Stand der Wissenschaft nicht als widerlegt gelten.

Zum Autor

Julian Nida-Rümelin, geboren 1954 in München, Studium der Philosophie, Physik, Mathematik und Politikwissenschaft in München und Tübingen, Promotion 1983, Habilitation 1989; nach Lehrstuhlvertretungen Gastprofessor in den USA und Professor für Ethik in den Biowissenschaften an der Universität Tübingen; 1993–2003 O. Professor für Philosophie an der Universität Göttingen, seit 2004 Ordinarius für Politische Theorie und Philosophie an der Universität München.

Mitglied der Berlin-Brandenburgischen Akademie der Wissenschaften und der Europäischen Akademie der Wissenschaften und Künste. 1994–97 Präsident der Gesellschaft für analytische Philosophie, 1998–2000 Kulturreferent der Landeshauptstadt München, 2001–02 Kulturstaatsminister, seit 2002 Honorarprofessor an der Humboldt Universität Berlin, seit 2004 Vorsitzender des Kuratoriums des Deutschen Studienpreises.

Buchpublikationen u. a.: *Kritik des Konsequentialismus* (1993); *Logik kollektiver Entscheidungen* (1994, mit L. Kern); *Angewandte Ethik. Ein Handbuch* (1996); *Economic Rationality and Practical Reason* (1997); *Demokratie als Kooperation* (1999); *Strukturelle Rationalität. Ein philosophischer Essay über praktische Vernunft* (2001); *Ethische Essays* (2002).

Reclam – Philosophie

Textausgaben
von der Antike bis heute

Textsammlungen, Reader

Lexika

Einführungen

Interpretationen

Philosophiegeschichte

Das komplette Programm und Detailinformationen
zu jedem Titel recherchieren und bestellen unter
www.reclam.de

Reclam